Fundamentos do gerenciamento de projetos

Central de Qualidade — FGV Management

ouvidoria@fgv.br

PUBLICAÇÕES FGV Management

SÉRIE GERENCIAMENTO DE PROJETOS

Fundamentos do gerenciamento de projetos

2ª edição

André Bittencourt do Valle

Carlos Alberto Pereira Soares

José Finocchio Jr.

Lincoln de Souza Firmino da Silva

FGV management

FGV EDITORA

ISBN — 978-85-225-0798-6

Direitos desta edição reservados à EDITORA FGV
Rua Jornalista Orlando Dantas, 37
22231-010 — Rio de Janeiro, RJ — Brasil
Tels.: 0800-021-7777 — 21-3799-4427
Fax: 21-3799-4430
e-mail: editora@fgv.br — pedidoseditora@fgv.br
web site: www.fgv.br/editora

Impresso no Brasil / *Printed in Brazil*

Este livro foi editado segundo as normas do Acordo Ortográfico da Língua Portuguesa, aprovado pelo Decreto Legislativo nº 54, de 18 de abril de 1995, e promulgado pelo Decreto nº 6.583, de 29 de setembro de 2008.

1ª edição — 2007; 1ª reimpressão — 2007; 2ª, 3ª, 4ª e 5ª reimpressões — 2008; 6ª, 7ª e 8ª reimpressões — 2009; 2ª edição — 2010; 1ª e 2ª reimpressões — 2010; 3ª, 4ª e 5ª reimpressões — 2011; 6ª reimpressão — 2012.

Preparação de originais: Mariflor Rocha e Paulo Telles
Editoração eletrônica: FA Editoração
Revisão: Aleidis de Beltran e Andréa Bivar
Capa: aspecto:design
Ilustração de capa: André Bethlem

Valle, André Bittencourt do
Fundamentos do gerenciamento de projetos / André Bittencourt do Valle, Carlos Alberto Pereira Soares, José Finocchio Jr., Lincoln de Souza Firmino da Silva. 2. ed. — Rio de janeiro : Editora FGV, 2010.
172 p. — (Gerenciamento de projetos)

Acima do título: Publicações FGV Management.

Inclui bibliografia.

1. Administração de projetos. 2. Planejamento estratégico. 3. Organização. I. Soares, Carlos Alberto Pereira. II. Finocchio Junior, José. III. Silva, Lincoln de Souza Firmino da. IV. FGV Management. V. Fundação Getulio Vargas. VI. Título. VII. Série.

CDD-658.404

Aos alunos, que estão sempre nos lembrando
da nossa condição de eternos aprendizes, e aos colegas
de jornada acadêmica.

Sumário

Apresentação

Este livro compõe as Publicações FGV Management, programa de educação continuada da Fundação Getulio Vargas (FGV).

Instituição de direito privado com mais de meio século de existência, a FGV vem gerando conhecimento por meio da pesquisa, transmitindo informações e formando habilidades por meio da educação, prestando assistência técnica às organizações e contribuindo para um Brasil sustentável e competitivo no cenário internacional.

A estrutura acadêmica da FGV é composta por oito escolas e institutos: a Escola Brasileira de Administração Pública e de Empresas (Ebape), dirigida pelo professor Flavio Carvalho de Vasconcelos; a Escola de Administração de Empresas de São Paulo (Eaesp), dirigida pela professora Maria Tereza Leme Fleury; a Escola de Pós-Graduação em Economia (EPGE), dirigida pelo professor Renato Fragelli Cardoso; o Centro de Pesquisa e Documentação de História Contemporânea do Brasil (Cpdoc), dirigido pelo professor

Celso Castro; a Escola de Direito de São Paulo (Direito GV), dirigida pelo professor Ary Oswaldo Mattos Filho; a Escola de Direito do Rio de Janeiro (Direito Rio), dirigida pelo professor Joaquim Falcão; a Escola de Economia de São Paulo (Eesp), dirigida pelo professor Yoshiaki Nakano; o Instituto Brasileiro de Economia (Ibre), dirigido pelo professor Luiz Guilherme Schymura de Oliveira. São diversas unidades com a marca FGV, trabalhando com a mesma filosofia: gerar e disseminar o conhecimento pelo país.

Dentro de suas áreas específicas de conhecimento, cada escola é responsável pela criação e elaboração dos cursos oferecidos pelo Instituto de Desenvolvimento Educacional (IDE), criado em 2003 com o objetivo de coordenar e gerenciar uma rede de distribuição única para os produtos e serviços educacionais produzidos pela FGV, por meio de suas escolas. Dirigido pelo professor Clovis de Faro e contando com a direção acadêmica do professor Carlos Osmar Bertero, o IDE engloba o programa FGV Management e sua rede conveniada, distribuída em todo o país (ver www.fgv.br/fgvmanagement), o programa de ensino a distância FGV Online (ver www.fgv.br/fgvonline), a Central de Qualidade e Inteligência de Negócios e o Programa de Cursos In Company. Por meio de seus programas, o IDE desenvolve soluções em educação presencial e a distância e em treinamento corporativo customizado, prestando apoio efetivo à rede FGV, de acordo com os padrões de excelência da instituição.

Este livro representa mais um esforço da FGV em socializar seu aprendizado e suas conquistas. Ele é escrito por professores do FGV Management, profissionais de reconhecida competência acadêmica e prática, o que torna possível atender às demandas do mercado, tendo como suporte sólida fundamentação teórica.

A FGV espera, com mais essa iniciativa, oferecer a estudantes, gestores, técnicos — a todos, enfim, que têm internalizado o conceito de educação continuada, tão relevante nesta era do conhecimento — insumos que, agregados às suas práticas, possam contribuir para sua especialização, atualização e aperfeiçoamento.

Clovis de Faro
Diretor do Instituto de Desenvolvimento Educacional

Ricardo Spinelli de Carvalho
Diretor Executivo do FGV Management

Sylvia Constant Vergara
Coordenadora das Publicações FGV Management

Introdução

O objetivo deste livro é proporcionar uma visão ampla sobre o gerenciamento de projetos, que é definido como a aplicação de conhecimento, habilidades, ferramentas e técnicas às atividades do projeto, a fim de atender as suas demandas (PMI, 2008).

Ele está estruturado em oito capítulos, além desta introdução e da conclusão.

O primeiro trata do histórico e da conceituação do gerenciamento de projetos como uma nova disciplina, mostrando as razões históricas para o seu desenvolvimento e dissertando sobre as características comuns existentes em todos os projetos, tais como a temporariedade, a singularidade e a progressividade.

No segundo capítulo abordaremos a ligação da estratégia da corporação com os projetos que levam as empresas a alcançar seus objetivos nos negócios, utilizando como base o documento resultante das seções de planejamento estratégico.

No terceiro capítulo é realizado um estudo sobre os principais benefícios do gerenciamento de projetos, mostrando a sua importância e suas vantagens para as organizações.

O quarto capítulo trata da estrutura do gerenciamento de projetos, dissertando sobre as suas três disciplinas principais: o gerenciamento de portfólio, de programas e de projetos. Também são analisados o seu ciclo de vida e as metodologias existentes, dando ênfase especial à estrutura dos processos conforme definido pelo conjunto de conhecimentos em gerenciamento de projetos do PMI.

No quinto capítulo apresentamos os conceitos fundamentais de planejamento, monitoramento e controle de projetos, bem como os processos de planejamento, monitoramento e controle, decompostos por áreas de conhecimento. Também apresentamos a sistemática de monitoramento e controle decomposta em fases.

O capítulo 6 aborda as relações das pessoas com os projetos e a melhor forma de gerenciá-las, para que conflitos possam ser evitados e o sucesso possa ser atingido.

No sétimo capítulo são estudadas as estruturas organizacionais e o seu impacto nos projetos corporativos, identificando suas vantagens e desvantagens.

No capítulo 8 será discutido o conceito de ferramenta, analisada sua importância e serão apresentadas as principais ferramentas utilizadas nos processos de planejamento, monitoramento e controle.

1

Histórico e conceituação

Este capítulo inicia os estudos sobre o gerenciamento de projetos, tratando de temas como os primeiros esforços na área, as principais motivações para que o tema tenha sido desenvolvido e os principais aspectos relacionados com a conceituação do tema.

A história do gerenciamento de projetos

Embora aparentemente o tema gerenciamento de projetos seja relativamente recente, estudos nos mostram que ele vem sendo estudado há muitos anos, e todo este conhecimento acumulado permitiu sua evolução com precisão.

Primeiros estudos

O conceito de gerenciamento de projetos não tinha sido utilizado como um conceito isolado até o lançamento do satélite Sputnik, pela União Soviética, no auge da Guerra Fria.

No final da década de 1950, período marcado pelo esforço da Guerra Fria, muitos projetos militares de grande porte liderados pelo governo dos EUA demandavam a formulação de um novo tipo de organização de projetos e o desenvolvimento de ferramentas específicas para seu planejamento e controle.

Figura 1

O MÍSSIL POLARIS

Após ser surpreendido pelos soviéticos, o Departamento de Defesa dos Estados Unidos decidiu investir no desenvolvimento de novas técnicas e ferramentas destinadas a acelerar a implementação de projetos militares. Este esforço foi determinante no desenvolvimento do *program evaluation and review technique* (Pert), utilizado na construção do míssil nuclear Polaris, para submarinos. Este projeto, em 1957, precisou lidar com cerca de 9 mil fornecedores, e o seu cronograma continha mais de 70 mil tarefas estabelecidas.

Posteriormente, a empresa DuPont desenvolveu uma técnica similar, denominada *critical path method* (CPM — método do caminho crítico).

Nesse mesmo período, Drucker (1954) populariza entre as grandes corporações o termo gerenciamento por objetivos, um processo de gestão no qual o corpo diretivo e os funcionários concordam em objetivos comuns e passam a estabelecer prazos, métricas e modo de atingi-los. O conceito de gerenciamento por objetivos influenciaria significativamente a formulação da teoria de gerenciamento de projetos.

Posteriormente, Gaddis (1959) cita o termo gerente de projeto pela primeira vez, com o significado que conhecemos atualmente.

Em 1967, o Departamento de Defesa americano publica o chamado Cost/Schedule Control Systems Criteria (C/SCSC), constituído de mais de 35 padrões de gestão e controle de projetos, com o qual seus fornecedores deveriam mostrar alinhamento e adequação. Esse padrão influenciou bastante a formulação de boas práticas de gerenciamento de projetos em publicações que se seguiriam.

Depois do uso militar, essas técnicas foram aos poucos sendo incorporadas por inúmeras empresas. Além disso, diversos outros fatores incentivaram a adoção do gerenciamento de projetos, entre eles:

- a reengenharia, um método que busca eficiência e eliminação de atividades que não possuam valor agregado, por meio de um novo desenho de processos de negócios, visando melhor integração entre as diversas áreas de uma organização. A reengenharia levou diversas corporações a reduzir seus quadros fixos de funcionários, e a ter operações mais enxutas, obrigando a que demandas excedentes fossem estruturadas em projetos, com o aporte de recursos humanos externos à organização;

- a globalização, marcada pela crescente interdependência econômica dos países, pela profusão de empresas transnacionais, pelo aumento de integração e interação entre pessoas e equipes de diversas localidades do mundo. A globalização trouxe padronização no modo de gerenciar projetos nas empresas transnacionais, tornando possível que equipes em diferentes países trabalhem de maneira coordenada para atingir objetivos comuns em prazos preestabelecidos;
- a automação de processos, que encurtou os ciclos de negócios, e fez com que a fonte fundamental de progresso econômico passasse a se basear na inteligência e capacidade de inovação. E quando se tratar de pôr em prática as inovações, as habilidades de gerenciamento de projetos devem ser utilizadas;
- a popularização dos computadores, a qual permitiu que ferramentas de gerenciamento de projetos como o CPM estivessem disponíveis para a maioria dos gerentes de projeto;
- a internet, com sua capacidade de comunicação e troca de documentos instantaneamente, integrando um grande número de pessoas dispersas geograficamente, potencializando a administração por projetos.

No entanto, análises históricas mostram que o conceito de gerenciamento de projetos pode ser mais antigo do que parece.

Por exemplo, no antigo Egito já eram empregadas técnicas de engenharia e gerenciamento bem sofisticadas para a construção de sistemas de esgoto e irrigação, embarcações e canais.

A própria construção das pirâmides foi um grande esforço de gerenciamento de projetos, empregando enormes recursos humanos e materiais, sendo utilizados 100 mil trabalhadores em 30 anos para a sua construção.

Projetos da Antiguidade

Caso: pirâmides do Egito

Figura 2

PIRÂMIDES DO EGITO

Verner (2001:41) descreve as pirâmides como estruturas grandiosas, símbolos de poder no antigo Egito. Sua estrutura era composta por uma base retangular, onde faces triangulares convergiam para um vértice. O escopo do seu projeto era o de um edifício funerário, e mais de 80 foram construídas, fazendo parte de um conjunto integrado de construções.

Internamente, as pirâmides continham corredores subterrâneos, interligando salas funerárias e outros recintos de apoio. As mais famosas pirâmides egípcias encontram-se em Gizé, perto do Cairo.

Caso: a muralha da China

Figura 3

A MURALHA DA CHINA

Haw (2006:52) conclui que a construção da grande muralha da China foi um dos maiores empreendimentos já realizados no mundo. Esse projeto surgiu por causa de uma série de guerras realizadas por volta do ano 450 a.C., no estado de Qi. Diversas outras muralhas foram construídas desde então, e considera-se que o escopo deste projeto foi formalmente definido em 1368, tendo como objetivo principal manter os invasores bárbaros (mongóis) fora da China. Sua construção consistia em dois muros paralelos, compostos de pedras, tijolos e terra prensada, ligados por uma via em sua parte superior. Esses muros eram ligados a torres de observação (a cada 2,5 km) e fortificações (a cada 15 km).

Caso: o Coliseu

Figura 4

O COLISEU

Segundo Gibbon (1996:1078), o Coliseu de Roma era o centro social e esportivo do Império Romano, tendo sido construído durante o reinado do imperador Vespasiano.

Sua construção foi bastante sofisticada para a época, tendo sido utilizado concreto (que foi inventado pelos romanos) pela primeira vez neste tipo de obra. Sua capacidade era de 50 mil pessoas, e possuía 76 entradas diferentes, o que evitava tumultos na entrada e saída do local.

Caso: o Parthenon

Figura 5

O Parthenon

Segundo Kezbom e Edward (2001:58), o Parthenon é um templo grego construído em Atenas, na parte superior da Acrópole, no ano de 438 a.C. Seu projeto foi do arquiteto Itkinos, e o gerenciamento da sua construção foi realizado pelo escultor Pheidias.

Foi construído com mármore branco e esculturas pintadas. Uma característica interessante é que, a despeito de parecer ser formado por colunas retas, praticamente todas as suas colunas são curvas, anulando efeitos visuais advindos da perspectiva.

Gerenciamento de projetos contemporâneos

Diversas obras do passado ainda nos causam admiração, como grandes arranha-céus e ferrovias, e verificamos que, com o passar do tempo, os administradores tiveram que gerenciar milhares de trabalhadores e números grandiosos de matérias-primas.

Um dos primeiros estudiosos da ciência do gerenciamento de projetos, Taylor (1911), verificou que o trabalho poderia ser melhorado caso suas partes elementares fossem isoladas. Um dos seus primeiros estudos foi realizado em usinas siderúrgicas, com o transporte de peças e remoção de areia. Até então, somente conseguia-se aumentar a produtividade neste setor por meio do acréscimo de horas à jornada dos operários.

Gantt (1919), seu sócio, priorizou o estudo da ordem das operações na construção de navios para a Marinha, durante a I Guerra Mundial. Os resultados do seu estudo foram os famosos gráficos de Gantt, em que barras horizontais representavam a sequência e a duração das tarefas. Os gráficos de Gantt foram considerados tão úteis e funcionais que pouco mudaram em mais de 100 anos de utilização no gerenciamento de projetos.

Os conceitos iniciados por Taylor e Gantt foram muito importantes para o desenvolvimento do gerenciamento de projetos, bem como para a sua conceituação e caracterização.

Conceituação e caracterização do gerenciamento de projetos

Conforme visto, o gerenciamento de projetos é uma ideia relativamente antiga. Podemos nos lembrar de centenas de grandes realizações da humanidade, e teremos anos e mais anos de experiência sobre este tema.

Na atualidade, a demanda dos negócios e a competitividade fazem com que organizações privadas tenham que estruturar projetos que se equiparem em complexidade àqueles promovidos pelo governo americano no período da Guerra Fria. Como exemplo, o desenvolvimento de um novo produto na Apple pode demandar o registro de mais de 2 mil novas patentes, e os esforços de lançamento movimentam equipes em todo o mundo, algo que seria impensável sem uma robusta estrutura de gerenciamento de projetos.

O conhecimento de projetos acumulado até o presente momento permite notar que, por mais diferentes que sejam o objetivo e o tamanho dos projetos em diferentes indústrias, eles compartilham algumas características comuns, como as apresentadas a seguir.

Aprendizado por meio dos erros

Desde os projetos mais antigos, até os complexos projetos realizados atualmente em áreas como desenvolvimento de software e indústria aeroespacial, o papel do gerente de projeto continua a ser a integração de recursos humanos e materiais para alcançar um objetivo.

Podemos até constatar que os problemas encontrados há centenas de anos continuam presentes nos projetos atuais. Por exemplo, mesmo em indústrias que já utilizam o gerenciamento de projetos há muito tempo, como no caso da tecnologia da informação, atrasos e estouro de orçamentos continuam sendo a regra, e não a exceção.

Historicamente, tem-se verificado que o escopo dos projetos afins apresenta grande similaridade entre si, já que possuem requisitos e restrições, e dependem de comunicação, tomada de decisões, criatividade e pensamento lógico, envolvendo cronogramas, orçamentos e o cliente final.

A tarefa central do gerenciamento de projetos sempre foi a combinação do trabalho de diferentes pessoas para a execução de tarefas que seriam úteis para os clientes ou as organizações. Independentemente do projeto, seja a construção de uma catedral ou a de um avião para 500 passageiros, existe um núcleo central de conceitos e processos que é compartilhado pela maioria dos projetos.

Uma questão interessante que advém do estudo da história dos projetos: por que alguém sofreria por meio dos erros e desapontamentos se isso pudesse ser evitado? Por exemplo, uma citação clássica de Adams (apud Berkum, 2005:34) nos diz que "Os seres humanos, que são quase únicos (entre os animais) em sua habilidade de aprender a partir da experiência dos outros, também são notáveis pela sua aparente tendência a não executá-la".

Se a história da antiga e da moderna engenharia está em domínio público, e se as pessoas são pagas para executar tarefas inteligentes independentemente de onde veio a inspiração, por que poucas organizações premiam as pessoas por colher lições do passado?

Como projetos são completados ou cancelados todos os dias, muito pouco é feito para se aprender sobre o que aconteceu. Talvez pelo medo de encontrar a verdade, ou ser responsabilizado por ela.

Petroski (1992) defende a ideia de que grandes avanços na engenharia foram obtidos como resultado do fracasso. Em parte isso acontece porque os fracassos fazem com que prestemos mais atenção, reexaminando premissas e outras questões. Podemos até utilizar os ensinamentos de Karl Popper, nos quais existem somente duas teorias: as que estão erradas e as que estão incompletas.

O segredo é aprender o máximo possível com as falhas das outras pessoas e utilizá-las para tentar influenciar o futuro.

Mesmo em nossos próprios projetos, temos que evitar o hábito de nos escondermos dos problemas e falhas. Devemos aproveitar a oportunidade para aprender algo. Esse é um dos motivos pelos quais a Boeing, uma das maiores empresas de engenharia aeronáutica do mundo, mantém um livro de conhecimentos de falhas de projeto e engenharia. A Boeing tem mantido esse livro desde que a empresa foi fundada, e o utiliza para ajudar os projetistas contemporâneos a aprender com as lições do passado e aumentar as possibilidades de sucesso em seus novos projetos. Outra questão interessante dessa abordagem é a que permite a criação de um ambiente no qual as falhas são discutidas e analisadas, em vez de negadas ou escondidas. Isso pode ser particularmente útil quando aplicado a uma das características básicas dos projetos: a temporariedade.

Temporariedade dos projetos

Um projeto é formado por um esforço não permanente, ou seja, temporário, para a criação de um produto ou serviço. Como não é permanente, podemos afirmar que todos os projetos deveriam conter um início, um desenvolvimento e um fim bem definidos. O projeto é finalizado quando seus objetivos são alcançados, quando não for mais necessário ou quando ficar bem claro que seus objetivos não poderão ser atingidos ou não é compensador ir em frente.

Um erro comum é supor que, devido ao fato de ser temporário, um projeto seja sempre de curta duração. Existem projetos que duram vários anos, mas, mesmo nesses casos, sua duração tem um fim bem definido.

Uma conceituação importante diz respeito à temporariedade do produto do projeto. Embora os projetos sejam temporários, nem sempre os produtos ou serviços que são os seus resultados também o são.

Em muitos casos, os produtos dos projetos podem criar resultados por vários anos ou mesmo séculos (como, por exemplo, as pirâmides do antigo Egito).

Uma importante questão a respeito da natureza temporária dos projetos é que a oportunidade do mercado do projeto normalmente é temporária. Em muitos casos, o projeto tem que ficar pronto num prazo limitado, caso contrário o produto resultante dele não terá mais validade ou viabilidade comercial.

Em alguns casos, acontece o contrário. Um projeto pode ser desenvolvido com sucesso, mas o mercado ainda não tem condições de absorvê-lo.

Além disso, a equipe do projeto, normalmente, não continua a gerenciá-lo quando ele for finalizado. Geralmente, ela é desfeita e seus membros são realocados em outros projetos.

Caso: Apple Newton

Figura 6

O APPLE NEWTON

O Newton foi um dos primeiros assistentes pessoais digitais (PDA) do mundo. Desenvolvido pela Apple e vendido de 1993 a 1998, era baseado no microprocessador ARM e possuía reconhecimento de escrita.

O Newton não foi bem-sucedido no mercado por duas razões básicas: seu alto preço (cerca de US$ 1 mil, quando foi lançado) e o tamanho excessivo para um dispositivo que se denominava "de bolso". De fato, não cabia em nenhum bolso. Seu mecanismo de reconhecimento de escrita também não era muito eficiente, fazendo com que os consumidores o rejeitassem.

O mercado de PDAs somente foi "reinaugurado" com o lançamento do Palm Pilot, menor, mais barato e eficiente.

Figura 7

O Palm Pilot

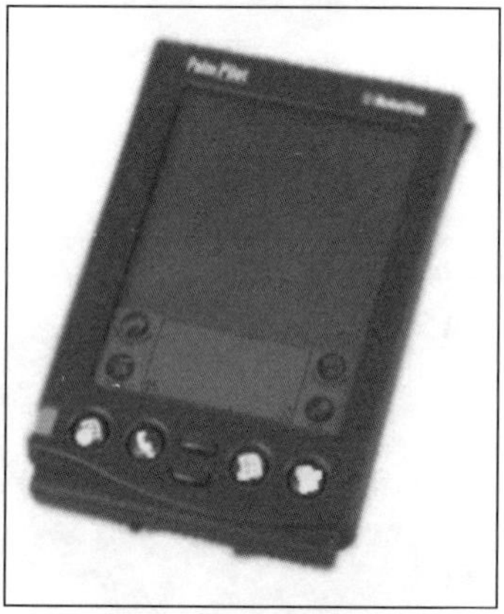

Essa "janela de oportunidade" verificada no caso do Palm Pilot também tem relação com outra importante característica dos projetos: a singularidade.

Singularidade dos projetos

Os projetos geram produtos, serviços ou resultados exclusivos e singulares, como, por exemplo, apartamentos, escritórios comerciais ou automóveis.

Embora muitos possam ser similares, diversas customizações e adequações fazem com que cada projeto seja único.

Figura 8

Toyota Aygo

Figura 9

Peugeot 107

Figura 10

Citroën C1

O fato de existirem elementos repetitivos não muda a característica de singularidade do projeto. Além disso, essa característica nos leva a uma outra importante questão: a progressividade da sua elaboração.

Progressividade dos projetos

Outra característica importante dos projetos é a elaboração progressiva, que possibilita o seu desenvolvimento em etapas incrementais.

Um exemplo de elaboração progressiva pode ser a criação de um portal de comércio eletrônico. O seu desenvolvimento se inicia com a definição das principais características do portal. Elas são utilizadas para a escolha da plataforma a ser utilizada, a tecnologia e as premissas de acesso, bem como o público-alvo a ser alcançado pelo portal. Com o desenvolvimento, são feitas adequações e customizações, e depois de um certo tempo, o portal fica pronto para testes. Ao final, o portal é lançado por meio de uma grande campanha publicitária.

Essa característica de elaboração progressiva se reflete também na principal diferença entre os projetos e o trabalho operacional, vista a seguir.

A diferença entre os projetos e o trabalho operacional

Tanto os projetos quanto os trabalhos operacionais são realizados pelas empresas para atingir um conjunto de objetivos. Embora sejam diferentes, ambos compartilham algumas semelhanças, já que são realizados por pessoas, obedecem restrições de recursos e são planejados, executados e controlados.

As principais diferenças referem-se ao fato de que os projetos são únicos e temporários (figura 11), enquanto os trabalhos operacionais são contínuos e repetitivos (figura 12).

Figura 11

O PROJETO DE UM SOFTWARE: ATIVIDADE ÚNICA E TEMPORÁRIA

Figura 12

FABRICAÇÃO E EMBALAGEM DO SOFTWARE: ATIVIDADE CONTÍNUA E REPETITIVA

Dessa forma, verificamos que os objetivos dos projetos e dos trabalhos operacionais são intrinsecamente diferentes, já que o projeto deve atingir o seu objetivo e ser finalizado, enquanto um trabalho operacional deve ter como objetivo a manutenção do negócio.

Logo, ao atingir o seu objetivo, um projeto é encerrado, enquanto um trabalho operacional ao atingir o seu objetivo é reiniciado e continua.

Projetos podem ser realizados em qualquer nível das organizações, envolver inúmeras pessoas (embora uma pessoa seja suficiente para iniciar um projeto), durar vários anos (ou mesmo alguns dias) e envolver uma ou mais organizações.

Exemplos de projetos:

- o desenvolvimento de um novo software;
- o desenvolvimento de um portal de comércio eletrônico B2B;
- a especificação de um planejamento de capacidade para um website;
- o projeto de um novo disco rígido para armazenamento de informações;
- a construção de um *internet data center*;
- a adequação das normas da empresa para o padrão ISO/IEC 27001.

Como os projetos podem ser considerados uma forma de organizar atividades que não podem ser realizadas dentro dos limites operacionais das empresas, são frequentemente utilizados como forma de atingir os seus objetivos estratégicos:

- a demanda do mercado ou dos seus clientes atuais, como um novo tipo de serviço para a divulgação eletrônica de informações;
- uma necessidade organizacional, como, por exemplo, o lançamento de um novo serviço para aumentar a receita operacional da empresa;
- um avanço tecnológico, tal como o lançamento por parte de um grande fabricante de software de uma nova plataforma de desenvolvimento;

- um requisito legal, tal como a adequação dos certificados eletrônicos dos servidores da companhia às autoridades certificadoras reconhecidas pelo ICP-Brasil.

Após todas essas considerações, podemos a seguir conceituar formalmente os projetos.

O que é gerenciamento de projetos?

Pode ser descrito como a aplicação de conhecimento, habilidades, ferramentas e técnicas às atividades do projeto a fim de atender às suas demandas, sendo realizado por meio da integração dos seguintes processos: iniciação, planejamento, execução, monitoramento e controle, e encerramento (PMI, 2008).

O gerenciamento, ou seja, a aplicação de conhecimento, habilidades, ferramentas e técnicas para atingir o objetivo do projeto, é realizado por uma pessoa responsável: o gerente de projeto, que tem como suas atribuições:

- a identificação das necessidades do projeto;
- o estabelecimento de objetivos claros e palpáveis;
- o atendimento às expectativas de todas as partes interessadas;
- o devido balanceamento entre qualidade, escopo, tempo e custo, que é realizado obedecendo-se à chamada teoria da tripla restrição.

A teoria da tripla restrição

De acordo com Newell (2002), os gerentes de projeto, normalmente, balanceiam três fatores conflitantes: tempo, custo e um terceiro fator que pode ser escopo ou qualidade, dependendo da visão adotada.

E de acordo com a visão adotada, o fator restante é consequência desse balanceamento. Por exemplo, se definirmos tempo, custo e escopo, a consequência será a qualidade do projeto. Se definirmos tempo, custo e qualidade, a consequência será o escopo do projeto.

O PMBOK (2008) descreve como o gerenciamento de projetos inclui o balanceamento das restrições conflitantes do projeto, que incluem, mas não se limitam a:

- escopo;
- qualidade;
- cronograma;
- orçamento;
- recursos;
- risco.

A relação entre esses fatores faz com que se algum deles mudar, pelo menos um dos outros provavelmente será alterado.

Projetos bem-sucedidos são aqueles que entregam o produto ou serviço especificado dentro do escopo, prazo, orçamento e com qualidade.

Instituições de gerenciamento de projetos

Analogamente a outras instituições tradicionais como a International Organization for Standardization (ISO) e a International Electrotechnical Commission (IEC), diversas outras instituições foram organizadas com o objetivo de desenvolver documentos técnicos, melhores práticas e guias de conhecimento, e na área de gerenciamento de projetos destacam-se o Project Management Institute (PMI), a International Project Management Association (IPMA) e o Office of Government Commerce (OCG). Normalmente, o trabalho nessas instituições é voluntário.

Project Management Institute (PMI)

Estabelecido em 1969 e sediado na Filadélfia (EUA), o Project Management Institute (PMI) é uma das principais associações mundiais em gerenciamento de projetos, atualmente com mais de 420 mil associados e certificados em todo o mundo.

Suas primeiras atividades, nos anos 1970, incluíram a publicação da primeira edição do *Project Management Quarterly* (*PMQ*), a realização do seu primeiro evento anual, denominado Global Congress e a abertura da sua primeira seção regional (*chapter*), que é a denominação oficial das suas representações locais.

Durante os anos 1980, o número de associados do PMI continuou crescendo, bem como os programas e serviços oferecidos pela associação. Um código de ética foi adotado para a profissão, foi criada a certificação Project Management Professional (PMP) e em seguida os primeiros profissionais foram certificados, contando hoje com mais de 360 mil certificados.

International Project Management Association (IPMA)

A instituição International Project Management Association (IPMA), registrada na Suíça, é uma associação sem fins lucrativos cujo objetivo é promover internacionalmente o gerenciamento de projetos.

Foi criada em 1965 e sua primeira conferência internacional ocorreu em 1967, em Viena, e desde então a IPMA tem se desenvolvido constantemente.

Os membros da IPMA são, principalmente, as associações nacionais dedicadas ao gerenciamento de projetos (40 países, em dezembro de 2009). Essas associações atendem às necessidades dos profissionais de gerenciamento de projetos em seus respectivos países e idiomas. A IPMA atua dessa forma em nível internacional.

Office of Government Commerce (OCG)

O OGC iniciou seus trabalhos lançando o método *Projects in controlled environments* (*Prince*), que se tornou um padrão para o setor público e privado na Inglaterra e outros países. Embora tenha sido desenvolvido originariamente para o setor de tecnologia da informação, hoje o *Prince* é utilizado em outros setores.

Sua última versão, denominada *Prince* 2, foi desenvolvida de forma a incorporar os requerimentos dos usuários atuais e de vários projetos não baseados em tecnologia da informação, tornando-o um guia genérico de melhores práticas para o gerenciamento de todos os tipos de projetos.

O Project management body of knowledge (PMBOK)

Desenvolvido pelo PMI e já em sua quarta edição, o principal objetivo do *PMBOK* (PMI, 2008) é

> A crescente aceitação do gerenciamento de projetos indica que a aplicação de conhecimentos, processos, habilidades, ferramentas e técnicas adequadas pode ter um impacto significativo no sucesso de um projeto. O *Guia PMBOK®* identifica esse subconjunto do conjunto de conhecimentos em gerenciamento amplamente reconhecido como boa prática. "Amplamente reconhecido" significa que o conhecimento e as práticas descritas são aplicáveis à maioria dos projetos na maior parte do tempo, e que existe um consenso em relação ao seu valor e à sua utilidade. "Boa prática" significa que existe um consenso geral de que a aplicação correta dessas habilidades, ferramentas e técnicas pode aumentar as chances de sucesso em uma ampla gama de projetos. Uma boa prática não significa que o conhecimento descrito deva ser sempre aplicado uniformemente em todos os

casos: a organização e/ou a equipe de gerenciamento do projeto é responsável por determinar o que é apropriado para um projeto específico.

O *Guia PMBOK*® também fornece e promove um vocabulário comum para a profissão de gerenciamento de projetos, para se discutir, escrever e aplicar conceitos da área. Esse vocabulário padrão é um elemento essencial da profissão.

Isso significa fornecer um conjunto de conhecimentos em gerenciamento de projetos reconhecido internacionalmente e em diversas áreas específicas de trabalho.

Longe de ter uma fórmula mágica, a adoção desse (e de outros guias) pode aumentar as chances de sucesso em uma grande variedade de projetos.

Iniciamos neste primeiro capítulo os estudos sobre gerenciamento de projetos, focando importantes temas, como o seu histórico, os primeiros estudos na área, a conceituação do gerenciamento de projetos, suas principais características, como a temporariedade, a singularidade e a progressividade, e as principais instituições dedicadas ao gerenciamento de projetos e seus guias de conhecimento.

Estes estudos são importantes para que possamos estudar e aplicar uma série de conhecimentos, que devem estar sempre alinhados com a estratégia da corporação e ser o meio pelo qual as inovações são implementadas. Esta estrutura será detalhada a partir do próximo capítulo.

2

A corporação e seus projetos

Neste capítulo abordaremos a ligação da estratégia da corporação com os projetos que levam as empresas a alcançar seus objetivos nos negócios.

Planejamento estratégico

Todos nós vivemos planejando e temos objetivos e metas a alcançar. Quando crianças, temos o nosso plano de estudos com objetivos nem sempre por nós estabelecidos (passar de ano) e alguns por nós estabelecidos, como ganhar uma bicicleta ou uma viagem, caso consigamos atingir o objetivo maior. As empresas não são diferentes. Também planejam e muito. Os objetivos é que diferem, pois em vez de viagens e bicicletas, elas querem aumentar a participação no mercado, fortalecer sua marca e obter maiores lucros, entre outros.

O planejamento estratégico é uma técnica corporativa que proporciona a análise ambiental de uma empresa, identificando suas oportunidades, ameaças, pontos fortes e fracos para que saia de seu estado atual (missão) e chegue ao estado esperado (visão). As ações necessárias para essa transição normalmente são implementadas por meio de projetos. Atividades como identificar as necessidades de mercado, desenvolver um plano de ação, controlar mudanças, garantir qualidade, controlar qualidade e gerar resultados são intrínsecas de estratégia e projetos. As organizações buscam constantemente o ponto de equilíbrio entre a estratégia (o que se pretende), os processos (a rotina) e os projetos (ações de mudança).

Figura 13

ESTRATÉGIA GERANDO RESULTADOS

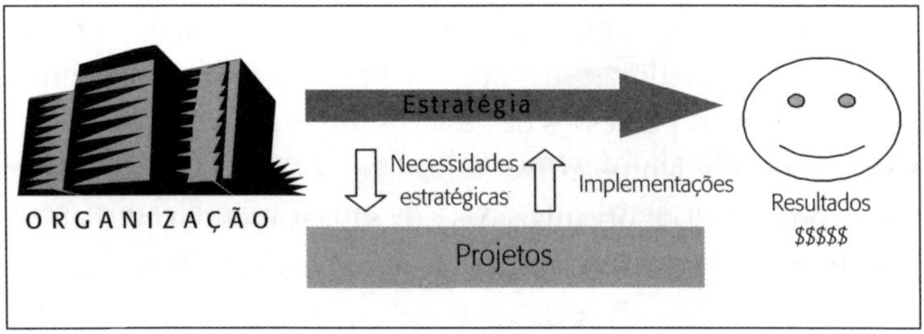

Nos nossos dias, um dos nomes conhecidos em estratégia corporativa é Porter (2005:156), que afirma que "estratégia é uma corrida para a posição ideal. É a escolha correta dos *trade-offs* de competir e a escolha do que não fazer, baseada nas forças competitivas". Quanto à estratégia corporativa, devemos sempre ter o alinhamento com algumas palavras-chave:

- meio ambiente;
- atividades críticas — ações;
- metas/objetivos;
- negócio;
- recursos;
- oposição/concorrência;
- sobrevivência/extinção.

E nunca esquecer do passado. Lembre-se de diversos impérios empresariais que sucumbiram...

- Grupo Matarazzo (200 empresas, 37 mil funcionários, 365 fábricas).
- Casas Pernambucanas (700 lojas, faturamento de US$1 bilhão).
- Bamerindus (quarto maior banco privado brasileiro).
- Pan Am (maior empresa aérea do mundo no passado).

As corporações estão expostas às forças de mudanças oriundas do mercado global. Novidades tecnológicas, novo posicionamento mercadológico, mudanças sociopolíticas, todas impactam diretamente nas organizações. Algumas empresas são as precursoras, empreendedoras, inovando sempre sua linha de produtos, serviços ou seus processos de gestão. Outras empresas são seguidoras e apenas acompanham as mudanças já realizadas. Existe ainda um grupo de organizações que são estáticas, param no espaço e no tempo e tendem a perecer. Essas empresas não têm foco em melhoria de processos e seguem a política de que "Time que está ganhando não se mexe" ou "Se conseguimos chegar até aqui assim, para que mudar?". Cansamos de assistir aos resultados dessa linha de raciocínio. Pan Am, Mappin, Mesbla e Casas da Banha são exemplos vivos de líderes em segmentos que sucumbiram por falta de adaptação às novas regras do mercado.

No contexto dos empreendedores, citamos, por exemplo, a Procter & Gamble (P&G), proprietária das marcas Tide (1946), Crest (1955) e Pampers (1961). Ela mostra que não basta simplesmente tentar inovar: temos que fazer a coisa certa (eficácia), da forma certa (eficiência), buscando, assim, a efetividade.

No fim da década de 1990 a P&G passava por uma crise de estagnação, baixo moral, falta de perspectivas, negócio imobilizado. Há tempos inimiga do risco, lançava somente os mesmos produtos com pequenas melhorias, não investindo em inovações. Com o passar do tempo, a receita e a lucratividade foram afetadas negativamente. Em 1999, o presidente Kirk Jager tentou implementar mudanças com o Programa Organização 2005, com foco no incremento do crescimento e na criação de novas linhas de produtos por meio de uma reformulação radical na cultura da empresa. O choque cultural, a busca incessante de novas marcas de sucesso e a tentativa de globalização da marca, por meio da venda de produtos com o mesmo nome em toda a parte do globo, levaram o Programa Organização 2005 ao fracasso e à demissão do CEO, 17 meses depois de ter assumido. Findava o ano fiscal e o retorno aos acionistas tinha caído 63%.

Entretanto, esse fracasso deixou bons frutos e uma nova cultura começou a ser criada. Os processos receberam maior apoio da área de TI e as pessoas enxergaram a necessidade de correr riscos, e nada como correr riscos para manter um grupo unido e focado em um único objetivo. O novo CEO, Alan Lafley, definiu uma política estratégica voltada primeiro a resgatar a cultura tradicional da empresa e, depois, criar uma consciência dirigida para a inovação. O foco estratégico foi a recuperação da lucratividade das principais marcas, apontando para três fatores críticos: o atendimento ao cliente; a parceria com os varejistas; e como derrotar a concorrência.

Com forte controle de custos, incentivo à competição e mudanças na estrutura gerencial, o novo CEO estimulou o desempenho das unidades da corporação. A empresa tirou os holofotes das *commodities*, produtos com pouca diferenciação no segmento de bebidas e alimentação, e se concentrou em negócios com margens mais expressivas, como beleza, bebê, família, cuidados com roupas e saúde. Vários novos projetos surgiram, muitas inovações foram acrescentadas ao portfólio de produtos da P&G. Linhas completamente novas, como a de produtos para animais, despontaram no mercado.

Como resultado, no fim do exercício de 2004, a P&G teve um aumento de 19% nas vendas brutas, alcançando pela primeira vez a cifra de US$ 51,4 bilhões (Ruston e Sakkab, 2005).

Ambiente dinâmico

Desde o início dos tempos nosso mundo permanece em constante estado de mudança. As mudanças que acompanhamos por meio da história refletem-se diretamente no ambiente das empresas e, principalmente, em sua forma de gestão. Podemos dividir nossa história em quatro momentos bem distintos: era da caça e coleta, era agrícola, era industrial e era da informação, conforme a figura 14.

Figura 14

Evolução natural

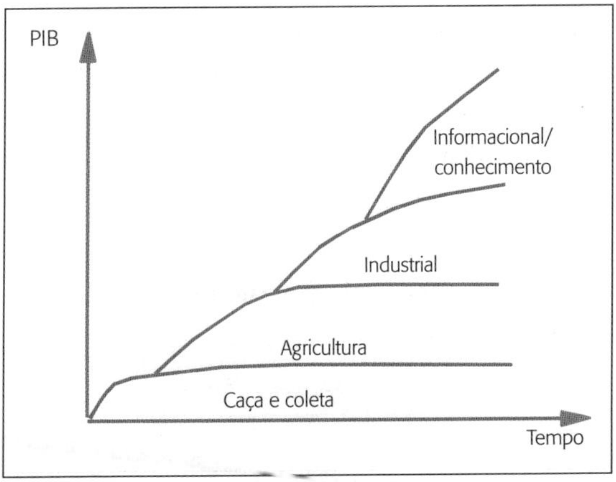

O homem no início caçava e coletava o que estava disponível perto de onde vivia. Depois passou a cultivar certo tipo de alimento. Na era industrial, o homem passou a produzir bens de consumo, e na era da informação, passou a lidar com o capital intelectual. Os processos de gestão também sofreram significativas mudanças por meio da linha do tempo. Durante a era da caça e coleta, basicamente, não havia processo definido e o homem buscava insumos para a sobrevivência todo dia. Na era agrícola, já existiam processos de plantio e de comercialização das colheitas. No velho mundo industrial, definimos processos produtivos e resolvíamos nossos problemas contratando mais pessoas e arranjando mais recursos financeiros. Atualmente, precisamos de menos pessoas e melhores ideias. Pela primeira vez na história, as habilidades mentais substituem as habilidades físicas como principal fator determinante do sucesso.

As empresas estão vulneráveis às forças de mudanças por questões de mercado, cultura, tecnologia e outras. As organizações têm que se adaptar rapidamente para permanecer competitivas.

Como mostra a figura 15, o dinamismo do ambiente provoca uma frequente avaliação do planejamento estratégico para verificar se ele ainda é aderente às novas condições ambientais. É importante ter em mente que as forças de mudança geram riscos potenciais e oportunidades escondidas. Um bom plano busca aproveitar as oportunidades e minimizar os riscos sempre com foco nos resultados.

Figura 15

MERCADO E DEMANDA

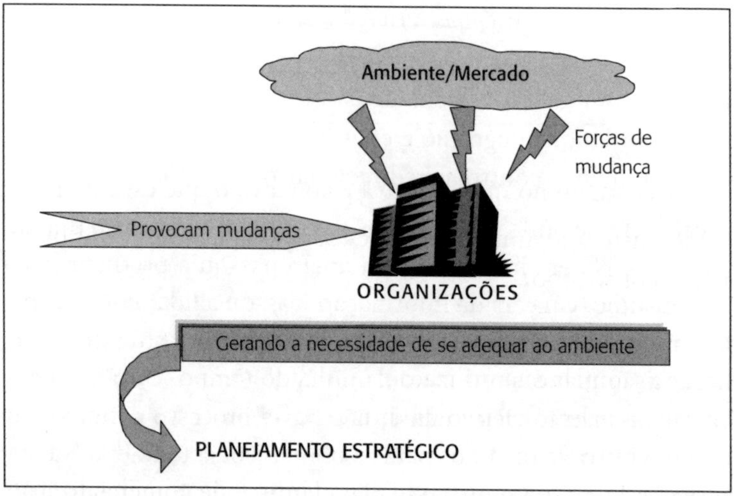

Planejamento estratégico: o que é? Por quê?

Planejamento estratégico nada mais é do que um processo pelo qual a organização se mobiliza para atingir o sucesso e construir o seu futuro, por meio de um comportamento proativo, considerando o ambiente que a cerca, tanto o atual quanto o ambiente futuro. Devemos sempre planejar, não importando o tamanho da organização, pois o sucesso passado não garante o sucesso futuro.

Segundo Toffler (1990:127), "à medida que avançamos para a terra desconhecida do amanhã, é melhor ter um mapa geral e incompleto do que não ter mapa algum". Basta considerarmos alguns fatos para ratificarmos a importância do processo de planejamento estratégico e por que fazê-lo:

- para prover direção e propósito;
- para melhor aproveitamento de oportunidades;
- para permitir crescimento ordenado;
- para melhor entender e definir prioridades;
- para alinhar as decisões;
- para maior comprometimento de todos;
- para possibilitar *empowerment* e trabalho em equipe;
- para otimizar alocação e uso dos recursos;
- para aumentar a velocidade da implementação e execução;
- para melhor integração e coordenação interdepartamental;
- para melhor controlar/redirecionar o negócio.

Existem algumas condições sem as quais um bom plano não é construído:

- consciência da sua necessidade;
- decisão pela sua utilização;
- envolvimento efetivo da diretoria;
- clima propício;
- metodologia adequada de planejamento estratégico;

- estrutura para o processo;
- informações relevantes (internas e externas);
- participação organizada.

Missão e visão da organização

Para começarmos o desenvolvimento da missão e visão de uma organização, é necessário que tenhamos bem definido seu negócio. Muitas organizações perdem o foco e se transformam em empresas "pato". O pato é um animal polivalente, voa, nada, mergulha, anda e canta; porém, faz tudo malfeito. As organizações devem buscar o cerne de suas atuações no mercado. O quadro 1 exemplifica diversas empresas e suas possíveis visões: míope ou estratégica.

Quadro 1

VISÃO DAS EMPRESAS

Empresa	Visão	
	Míope	**Estratégica (foco no benefício)**
Amtrack	Ferrovia	Transporte
Revlon	Cosméticos	Beleza
Xerox	Copiadoras	Documentação
Honda	Motos	Transporte pessoal
Monsanto	Química	Bem-estar
Petrobras	Combustível	Energia
Estrela	Brinquedos	Alegria
Abril	Revistas	Informação e cultura
Telemar	Telefonia	Transporte de informações
Randon	Veículos e implementos	Soluções para transporte
Atlas	Elevadores	Transporte vertical
Localiza	Aluguel de carros	Soluções para transporte
Kopenhagen	Chocolates	Presentes
Sua empresa?	???	?????

Quando a organização sabe para que existe, ela está no caminho certo para estabelecer a sua missão.

A missão de uma empresa é a razão de sua existência, sua individualidade. A missão deve definir o objetivo do negócio, mostrando ao mercado a vocação da empresa para o futuro. Serve como carteira de identidade, explicitando o ponto de partida e o rumo que a empresa deve seguir, além de ser motivadora. Na missão deve ficar claro:

- o que ela faz (produtos ou serviços);
- por que existe;
- qual o seu diferencial (como ela faz).

Alguns exemplos são dados a seguir.

- **Tetrapak** —Trabalhamos para e com nossos clientes, para oferecer as melhores soluções em processamento e envase de alimentos. Mantemos um compromisso com a inovação, com a compreensão das necessidades dos consumidores e com o relacionamento com os nossos fornecedores, a fim de oferecer soluções onde e quando houver consumo de alimentos. Acreditamos em uma liderança industrial responsável, gerando crescimento com rentabilidade em harmonia com a sustentabilidade ambiental e com a boa cidadania corporativa.
- **Ford** — Fornecer soluções totais de transporte para nossos clientes, de forma a proporcionar-lhes valor superior e satisfação, permitindo simultaneamente o seu crescimento, o de nossos funcionários e acionistas.
- **O Boticário** — Criar produtos e serviços que enalteçam a beleza e promovam o bem-estar das pessoas, traduzindo essa intenção em valores percebidos pelos clientes, para conquistar a sua fidelidade e assegurar o crescimento e a rentabilidade do negócio.

- **Lojas Americanas** — Ajudar as pessoas a melhorar continuamente a sua qualidade de vida, provendo o acesso a produtos de qualidade, com o melhor atendimento e serviços, poupando tempo e dinheiro.
- **IBM** — Liderar a criação, desenvolvimento e fabricação nas tecnologias mais avançadas da indústria de tecnologia da informação, incluindo sistemas, softwares, redes e microeletrônica, traduzindo, por meio de nossa rede mundial de soluções e serviços profissionais, essas tecnologias avançadas em valor de negócio para nossos clientes.

Já a visão mostra o cenário futuro desejável de uma organização. A visão é sonho, motivação, é o passaporte para o futuro, deve energizar toda a organização. Projeta os anseios da organização. A visão não é um *slogan*. Deve ser inspiradora e pode mudar conforme surgirem novos desafios para a empresa. O processo de estabelecimento da visão pode ser adotado de acordo com o quadro 2 a seguir, que inclui as fases *NOW* (agora), *HOW* (como) e *WOW* (o quê).

Quadro 2

CENÁRIO DA VISÃO

NOW			HOW			WOW
Análise externa ampla	⟷	**Análise interna detalhada**	**Estratégias amplas**	⟷	**Estratégias específicas**	**As "nuvens"**
Macroambiente	**Microambiente**	**Ambiente organizacional**	**Estratégia competitiva**	**Iniciativas estratégicas**	**Iniciativas funcionais**	**Visão**
Social	Tamanho do mercado Escopo do mercado	Humano	Custo Valor	Baseada em receita (*top-line driven*)	Pesquisa & desenvolvimento Compras	Aspirações Negócios
Econômico	Maturidade do mercado Rivalidade dos competidores	Tecnológico/ infraestrutura	Qualidade Dispositivos		Manufatura Distribuição	Posição Produtos
Político/legal	Novos entrantes Ameaça de substitutos	Financeiro	Serviços Capacidade	Baseada em custo (*bottom-line driven*)	Finanças Marketing	Acionistas Empregados
Tecnológico	Poder de barganha dos clientes Poder de barganha dos fornecedores	Cultural	Velocidade Distribuição Foco		Vendas Recursos humanos	Clientes Sociedade Governo

A figura 16 apresenta alguns exemplos de visão.

Figura 16

EXEMPLOS DE VISÃO

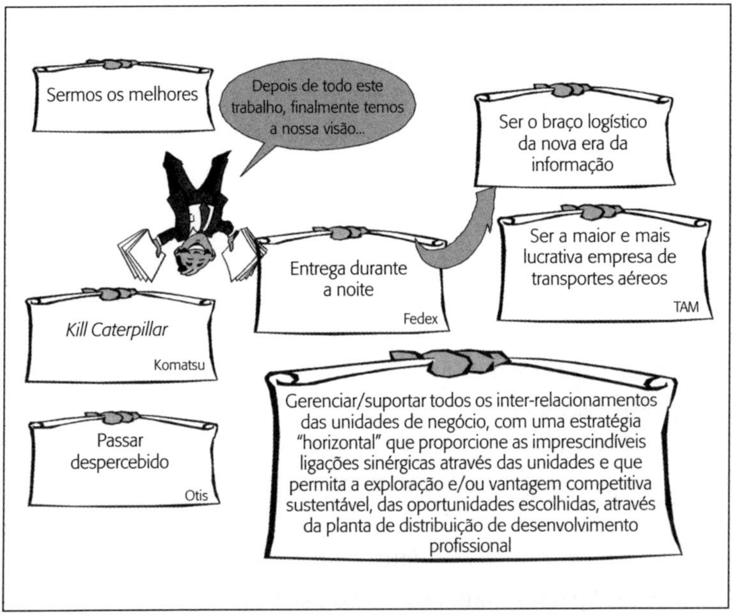

Alguns exemplos no Brasil são apresentados a seguir.

- **Embraer** — A Embraer continuará a crescer para ser uma das principais forças globais dos mercados aeronáutico e de defesa, líder nos seus segmentos de atuação, reconhecida pelos níveis de excelência em sua ação empresarial.
- **Sadia** — A empresa se diferenciará pela imagem de sua marca, por excelência nos serviços, inovação e qualidade dos produtos.
- **Submarino.com** — Ser a loja preferida dos clientes por oferecer conveniência, serviço, variedade e segurança.

- **Itaú** — Ser o banco líder em performance, perene, reconhecidamente sólido e ético, destacando-se por equipes motivadas, comprometidas com a satisfação dos clientes, com a comunidade e com a criação de diferenciais competitivos.

A materialização da missão e da visão permite a formulação do processo estratégico das corporações, conforme pode ser visto a seguir.

O processo estratégico e projetos

Na formulação do processo estratégico devemos considerar quatro etapas cíclicas:

- análise do ambiente;
- formulação da estratégia;
- teste e homologação da estratégia;
- implementação, liderança e suporte da estratégia.

As quatro etapas irão municiar o plano estratégico quanto aos níveis operacionais com foco na produção de resultados para o negócio da organização, afetando, assim, a estratégia corporativa (estrutural — em que negócios atuar e como integrar) e a estratégia de negócio (conjuntural — posicionamento na indústria e abordagem implícita e explícita).

Durante o processo estratégico, é muito comum utilizarmos modelos de análise com o foco externo e interno à organização. Modelos são ferramentas de análise que proporcionam a visão de um ambiente sob a perspectiva de uma lente de aumento, permitindo a avaliação detalhada de determinadas situações de mercado, as correlações existentes entre elas e a geração de base de conhecimento para discussão durante as sessões de confecção do plano estratégico.

O processo de análise segue uma dinâmica bem estruturada de acordo com a figura 17.

Figura 17

ORGANIZAÇÃO E PROJETOS

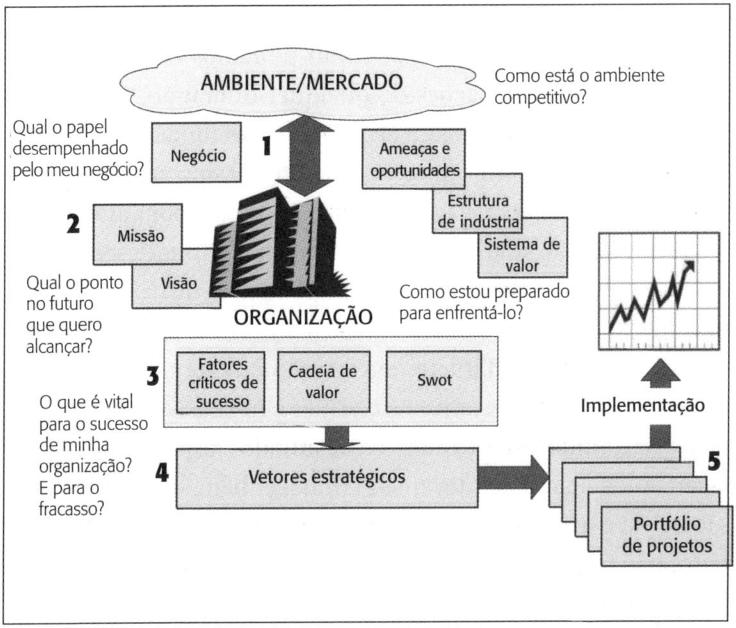

O último estágio do processo para a geração de resultados é a implementação do portfólio de projetos. Os projetos transcendem o nível estratégico, impactando diretamente nos níveis táticos e operacionais, onde são realmente implementados.

Os projetos derivam dos vetores estratégicos que fornecem à organização a direção, o propósito, o horizonte de tempo e apontam os responsáveis pelo desenvolvimento daquele vetor. Geralmente, para cada vetor estratégico são gerados vários projetos, normalmente formando um programa disposto dentro do portfólio corporativo de projetos da organização.

Eis um exemplo de vetor:

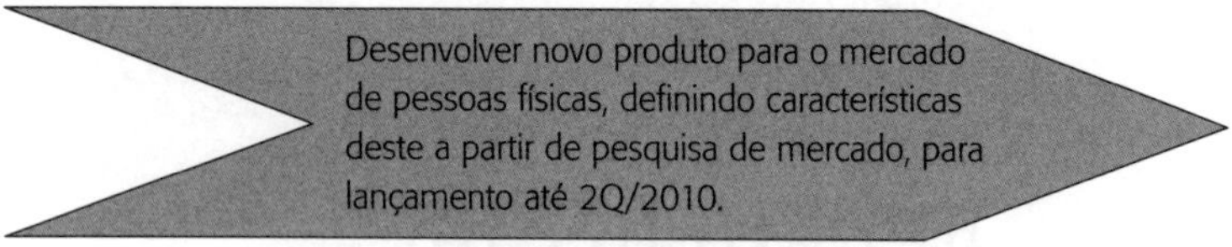

A estratégia corporativa, como pudemos observar, é importante para organizações de qualquer dimensão. É vital que elas estejam preparadas para acompanhar as mudanças e inovações que acontecem no mercado ou até mesmo sejam as locomotivas em relação a elas. Algumas empresas, por características próprias, não se adequam e sucumbem. Outras desenvolvem o seu mapa estratégico, fazem um planejamento efetivo e por meio de projetos implementam as ações necessárias para se manterem vivas ou serem líderes em seu setor. As organizações precisam estabelecer suas missões, visões e os seus vetores estratégicos definindo assim quais os resultados esperados e como alcançá-los. Para isso, devem se conhecer bem, definindo o que são agora e onde querem chegar. O foco deve ser sempre resultado, não importa se financeiro, ambiental ou social, mas sempre resultados para a empresa.

As ações necessárias para tal mudança de estado são implementadas por meio de projetos cujas melhores práticas serão estudadas no próximo capítulo.

3 Importância e benefícios do gerenciamento de projetos

Este capítulo trata dos principais aspectos relacionados com os benefícios do gerenciamento de projetos, bem como dos principais fatores que podem influenciar no fracasso e no sucesso dos projetos.

Por que gerenciar projetos?

O gerenciamento de projetos pode ser uma profissão, um trabalho ou uma atividade, dependendo do perfil da organização. Logo, podemos apresentar uma definição básica para o gerente de projeto, como aquele envolvido na liderança do gerenciamento das atividades do projeto, por meio da sua iniciação, planejamento, execução, controle e encerramento.

Embora algumas atividades possam ser executadas sem a presença formal de um gerente de projeto (inúmeras empresas de tecnologia da informação ainda trabalham assim), verificamos que, atualmente, na maioria dos casos a ausência desse profissional pode gerar problemas recorrentes para os projetos.

Sem a presença de uma pessoa cuja função seja direcionar o esforço global, interesses e diferenças pessoais podem levar à falta de alinhamento em relação aos objetivos do projeto.

Além disso, com a crescente globalização, os desafios lançados às organizações se tornam mais complexos, mais competitivos e, consequentemente, mais críticos. Como responder a esses desafios? Uma das respostas é a aplicação intensiva dos conhecimentos em gerenciamento de projetos, permitindo a implementação de objetivos estratégicos para as organizações, tais como:

- permitir rápidas respostas às mudanças das condições do mercado e novas oportunidades estratégicas;
- possibilitar que a organização produza mais com menos recursos;
- reduzir perdas financeiras por meio da monitoração das fases iniciais dos projetos, encerrando aqueles que não atendam às premissas planejadas;
- permitir uma melhor tomada de decisões por parte das organizações, baseada em métricas internacionais;
- maximizar iniciativas nas organizações, privilegiando o foco e a comunicação aberta.

Além disso, do ponto de vista do profissional, o gerenciamento de projetos também possibilita uma série de vantagens, tais como:

- busca assegurar que o seu trabalho seja utilizado da melhor forma pela organização;
- permite seguir uma carreira única, com novos desafios a cada projeto, e possibilita uma série de novos conhecimentos, como os de gestão, negócios e técnicos;
- possibilita uma valorização cada vez maior da carreira de gerente de projeto, levando naturalmente a posições de liderança nas organizações.

Esses benefícios também se relacionam com as lições aprendidas com o gerenciamento de projetos, permitindo a criação de uma base de conhecimento e, dessa forma, documentando uma série de fatores que podem levar ao fracasso ou ao sucesso dos projetos. Esses fatores serão analisados a seguir.

Fatores que influenciam o sucesso ou fracasso do gerenciamento de projetos: características dos projetos bem-sucedidos

O que é um projeto bem-sucedido? Embora existam dezenas de definições corretas para qualificar um projeto bem-sucedido, praticamente todas concordam que um projeto bem-sucedido é aquele que:

- produziu todas as entregas planejadas;
- foi completado dentro do cronograma aprovado;
- foi executado dentro do orçamento aprovado;
- foi entregue de acordo com todas as especificações funcionais, de performance e de qualidade;
- alcançou todas as suas metas, objetivos e propósitos;
- atingiu todas as expectativas das partes interessadas.

Embora o aprendizado das melhores práticas em muito facilite o entendimento da ciência de gerenciamento de projetos, olhar para o passado e resgatar experiências malsucedidas também pode ser muito importante para o planejamento dos projetos futuros. Entre os erros comuns no gerenciamento de projetos, podemos listar:

- o não entendimento do alinhamento do projeto com a organização;
- a falta de gerenciamento das expectativas das partes interessadas em relação ao projeto;

- a falta de acordo das partes interessadas em relação aos fatores de sucesso do projeto;
- a falta de um cronograma realista, em que fatores como quantidade de trabalho, dependências obrigatórias, estimativas de custos e nivelamento de recursos tenham sido previstos;
- a falta de definição e comunicação sobre as responsabilidades da equipe do projeto;
- a falta de aceitação formal do cronograma do projeto;
- a falta de identificação preliminar de riscos para o projeto;
- a falta de recursos humanos capacitados e disponíveis para trabalhar no projeto;
- a falta de definição de requerimentos e escopo do projeto;
- a inadequação do gerenciamento e liderança da equipe do projeto.

Após a análise dos principais itens que tornam um projeto bem-sucedido, e olhando-se uma série de elementos que podem levar um projeto ao fracasso, podemos perceber uma série de características compartilhadas por projetos bem-sucedidos, tais como:

- o projeto está alinhado com os objetivos da organização;
- o projeto tem apoio efetivo da alta administração;
- o projeto tem uma liderança efetiva;
- todas as partes interessadas estão de acordo com o propósito, as metas e os objetivos do projeto;
- todas as partes interessadas compartilham uma visão comum dos resultados e têm expectativas realistas a respeito do projeto;
- as expectativas das partes interessadas são continuamente gerenciadas e validadas no decorrer do projeto;
- o escopo, a abordagem e as entregas do projeto são claramente definidos e acordados durante o seu planejamento;
- o papel e a responsabilidade de cada parte interessada e de membros da equipe do projeto são claramente comunicados e entendidos;

- o cronograma é realista e acordado entre todas as partes interessadas;
- as comunicações do projeto são consistentes, efetivas e focadas no entendimento;
- o progresso do projeto é medido frequentemente em relação a uma linha de base;
- um forte senso de colaboração e trabalho em grupo é alcançado;
- expectativas e mudanças em relação a escopo, cronograma, custos e qualidade são gerenciadas cuidadosamente;
- os recursos humanos do projeto são capacitados e estão disponíveis quando necessário;
- a equipe do projeto identifica proativamente seus riscos e trata essas vulnerabilidades diminuindo a sua exposição.

Essas características podem ser agrupadas nos tópicos a seguir.

Alinhamento com os objetivos da organização

Segundo Wysocki (2003), uma metodologia de gerenciamento de projetos deve possuir um processo formal para o estabelecimento de objetivos claros de negócio. Projetos que são iniciados sem essa informação frequentemente se tornam problemáticos, a não ser que a metodologia proporcione uma forma de compensação para essa falha.

Todos os envolvidos no projeto devem compartilhar a mesma visão, que deve ser clara, concisa e compreensiva, tornando explícitos os objetivos do projeto. Além disso, todos os objetivos devem possuir fatores mensuráveis de sucesso e devem permitir um direcionamento para a visão da corporação.

Um ponto muito importante que deve ser ressaltado é que, a despeito de todos os esforços para a definição clara do objetivo e meta do projeto, eles não são estáticos e podem mudar com o tempo, já que as condições do mercado podem ser alteradas, a competição força as empresas a reagir e o próprio negócio da corporação pode mudar de um dia para o outro. Isso impõe desafios para o gerenciamento dos projetos, que devem estar alinhados com os outros processos de negócio das corporações.

Escopo realista

Uma característica quase onipresente nos projetos é que quanto mais extenso o seu escopo, maior o risco e possibilidade de mudanças. A mudança de escopo altera o plano do projeto e com isso é aumentada a possibilidade de alterações no seu cronograma e nos seus custos.

Grandes projetos são, frequentemente, decompostos em diversos projetos menores e interdependentes, que devem possuir entregas específicas.

Infraestrutura disponível

A infraestrutura necessária para o trabalho do projeto é um importante fator de sucesso. Isso inclui investimentos em tecnologia da informação, telecomunicações e no próprio ambiente de trabalho. A ausência desses fatores pode levar a riscos como atrasos, uso incorreto de recursos humanos, incapacidade de alcançar as necessidades dos clientes e uma série de outros impactos relacionados.

Metodologia formal de gerenciamento de projetos

Segundo Wysocki (2003), metodologias replicáveis e adaptáveis de gerenciamento de projetos são valiosas para as organizações, já que proporcionam normas, melhores práticas, desenvolvimento de habilidades e outros inúmeros benefícios para as organizações.

Estimativas confiáveis

As estimativas históricas, quando confrontadas com o cronograma e custos sendo executados, são as melhores ferramentas para a produção de novas estimativas. A disponibilidade e manutenção dessas informações históricas é um sinal de maturidade do gerenciamento do projeto.

Habilidade dos recursos humanos

Wysocki (2003) nota que existem dois fatores a considerar sob este aspecto. O primeiro diz respeito à habilidade dos recursos humanos da organização, atendendo às necessidades atuais do projeto. Segundo o *PMBOK* (PMI, 2008), as seguintes habilidades interpessoais são fundamentais para o gerenciamento de projetos:

- comunicação eficaz — a troca de informações;
- influência sobre a organização — a capacidade de "fazer com que as coisas aconteçam";
- liderança — desenvolver uma visão e uma estratégia e provocar a motivação nas pessoas para que alcancem essa visão e essa estratégia;
- motivação — estimular as pessoas para que alcancem altos níveis de desempenho e superem as barreiras que impedem as mudanças;
- negociação e gerenciamento de conflitos — conversar com outras pessoas para chegar a um entendimento ou a um acordo;
- resolução de problemas — a combinação entre definição do problema, identificação e análise de alternativas e tomada de decisões.

O segundo aspecto se refere à extensão da habilidade da equipe do projeto, de forma a atender as demandas que o projeto se propõe.

Sendo um dos mais importantes ativos do projeto, a habilidade da equipe pode ser assegurada por meio dos seguintes elementos:

- identificação das competências necessárias;
- disponibilização de um programa de treinamento relevante, de qualidade e contínuo;
- recrutamento interno e externo;
- fornecimento de incentivos à equipe;
- verificação de aderência ao foco do projeto.

Todas essas características, ou a ausência delas, podem ser constatadas por meio da análise de algumas pesquisas, como a citada a seguir.

Benchmarking em empresas brasileiras

A seção Rio de Janeiro do PMI vem desenvolvendo anualmente um relatório de *benchmarking* em empresas brasileiras (PMI/RJ, 2009).

O grande mérito desse relatório é a possibilidade de obtenção de dados reais sobre práticas e tendências observadas no mercado brasileiro. A última edição contou com a colaboração de 183 grandes empresas, o que permite um grande aprofundamento das pesquisas.

A seguir, as principais conclusões do relatório.

A resistência ao tema gerenciamento de projetos é cada vez menor nas organizações brasileiras, como pode ser verificado na tabela 1.

Tabela 1

NÍVEL DE RESISTÊNCIA EM RELAÇÃO AO TEMA GERENCIAMENTO DE PROJETOS

Classificação da resistência	Resultado (%)
Muito	20
Pouco resistente	80

Como visto na tabela 2, a atitude das organizações em relação ao planejamento efetivo de projetos tem se tornado mais efetiva.

Tabela 2

ATITUDE DAS ORGANIZAÇÕES EM RELAÇÃO AO PLANEJAMENTO EFETIVO DE PROJETOS

Atitude	Resultado (%)
Sempre planejamos	32
Na maioria das vezes planejamos	50
Raramente planejamos	18
Nunca planejamos	0

Analogamente, a atitude das organizações em relação ao controle efetivo de projetos também tem se mostrado bastante consistente, como pode ser verificado na tabela 3.

Tabela 3

ATITUDE DAS ORGANIZAÇÕES EM RELAÇÃO AO CONTROLE EFETIVO DE PROJETOS

Atitude	Resultado (%)
Na maioria das vezes controlamos	49
Sempre controlamos	31
Raramente controlamos	19
Nunca controlamos	1

A tabela 4 confirma que a forma pela qual a profissão de gerente de projeto é reconhecida nas organizações demonstra o alcance do gerenciamento de projetos.

Tabela 4

NÍVEL DE FORMALIZAÇÃO DO CARGO DE GERENTE DE PROJETOS

Reconhecimento	Resultado (%)
Sim, existe um plano de carreira específico para o gerente de projetos	21
Sim, mas não existe um plano de carreira específico para o gerente de projetos	36
Não existe oficialmente o cargo de gerente de projetos	43

Os resultados apresentados na tabela 5 confirmam que um número significativo de organizações já vem utilizando metodologias de gerenciamento de projetos.

Tabela 5

UTILIZAÇÃO DE METODOLOGIAS DE GERENCIAMENTO DE PROJETOS

Quantidade	Resultado (%)
A organização não possui metodologia formal. O gerenciamento de projetos é feito informalmente	10
A organização possui metodologias, desenvolvidas em algumas áreas específicas. Nem todas as áreas utilizam a mesma metodologia	37
A organização possui uma metodologia única para o gerenciamento de seus projetos, a qual pode ser adaptada em função das características do projeto	53

Os principais benefícios obtidos pelas empresas com o gerenciamento de projetos, como pode ser visto na tabela 6, são o comprometimento com objetivos e a melhoria da tomada de decisão.

Tabela 6
BENEFÍCIOS OBTIDOS COM O GERENCIAMENTO DE PROJETOS

Benefícios	Resultado (%)
Aumento do comprometimento com objetivos e resultados	78
Disponibilidade de informação para tomada de decisão	71
Melhoria de qualidade nos resultados dos projetos	70
Aumento da integração entre as áreas	61
Aumento da satisfação do cliente (interno/externo)	59
Minimização dos riscos em projetos	58
Otimização na utilização de recursos humanos	44
Redução nos prazos de entrega	38
Aumento de produtividade	36
Redução nos custos relacionados a projetos	34
Aumento do retorno sobre o investimento (ROI)	18
Não estamos obtendo benefícios claros	6

O não cumprimento de prazos e problemas de comunicação continuam sendo os principais problemas em projetos, conforme pode ser analisado na figura 18.

A tabela 7 nos mostra que a comunicação e os riscos continuam sendo os aspectos menos considerados durante o planejamento de projetos.

Figura 18

PROBLEMAS MAIS FREQUENTES EM PROJETOS (%)

Tabela 7

ASPECTOS MAIS CONSIDERADOS NA METODOLOGIA DE GERENCIAMENTO DE PROJETOS

Aspectos	Resultado (%)
Prazo	97
Escopo	94
Custo	83
Riscos	70
Comunicação	68
Qualidade	64
Recursos humanos	62
Integração	57
Aquisições	48

Neste capítulo, foi possível analisar os principais benefícios do gerenciamento de projetos, bem como os fatores que podem influenciar no seu fracasso ou sucesso. Foram apresentados dados relacionados ao cenário atual de gerenciamento de projetos no Brasil, e a sua estrutura será vista com detalhes no próximo capítulo.

4

Estrutura do gerenciamento de projetos

Neste capítulo será apresentada a estrutura do gerenciamento de projetos e analisados seus processos e metodologias.

Processos de gerenciamento de projetos

Projetos são responsáveis por trazer inovação a cada dia nas organizações. Assim como o processo de renovação celular mantém o ser humano vivo e saudável, analogamente podemos dizer que projetos são um processo de renovação celular de uma organização, mantendo-a viva e saudável.

Disciplinas da gestão por projetos

Chamamos de gestão por projetos quando uma organização visualiza suas principais demandas como projetos a serem executados, e responde a essas demandas se organizando por projetos.

A gestão por projetos, compatível com o ritmo acelerado de mudanças imposto pelo mundo globalizado, ganha foco das principais empresas, exigindo um novo corpo de conhecimento de seus executivos.

As três disciplinas principais da gestão por projetos são visualizadas na figura 19 e descritas a seguir.

Gerenciamento de portfólio: é o processo sistemático pelo qual a organização avalia as oportunidades existentes, transformando-as em projetos mediante a avaliação de seu alinhamento à estratégia da empresa, valor que gera para organização, risco e capacidade de execução. O gerenciamento de portfólio reforça o apoio executivo e é responsável por fazer a avaliação, em longo prazo, do atendimento de objetivos de negócio pelos projetos e programas.

Gerenciamento de programas: programas são conjuntos de projetos e iniciativas que têm objetivos comuns e que precisam ser coordenados entre si. O gerenciamento de programas cuida do compartilhamento de recursos e da capital intelectual entre os projetos, bem como do gerenciamento dos riscos globais.

Gerenciamento de projetos: disciplina clássica coberta pelos processos do *PMBOK*, que tem como objetivo principal viabilizar a entrega de projetos individuais que atendam às especificações de prazo, escopo, custo e qualidade acordadas com o cliente.

Figura 19

Disciplinas da gestão por projetos

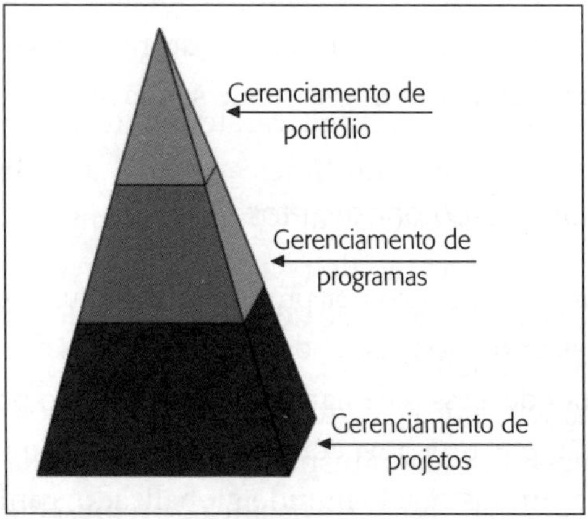

Quadro 3
Resumo comparativo de gerenciamento de projetos programas e portfólios

	Projetos	Programas	Portfólios
Escopo	Projetos possuem objetivos definidos. O escopo é elaborado progressivamente durante o ciclo de vida do projeto.	Os programas possuem um escopo maior e fornecem benefícios mais significativos.	Os portfólios possuem um escopo de negócios que muda com os objetivos estratégicos da organização.
Mudança	Os gerentes de projetos esperam mudanças e implementam processos para manter as mudanças gerenciadas e controladas.	Os gerentes de programas devem esperar mudanças tanto de dentro quanto de fora do programa e estar preparados para gerenciá-las.	Os gerentes de portfólio monitoram continuamente as mudanças ocorridas no ambiente mais amplo da organização.
Planejamento	Os gerentes de projetos elaboram progressivamente planos detalhados no decorrer do ciclo de vida do projeto a partir de informações de alto nível.	Os gerentes de programas desenvolvem o plano geral do programa e criam planos de alto nível para orientar o planejamento detalhado no nível dos componentes.	Os gerentes de portfólio criam e mantêm comunicação e processos necessários ao portfólio global.
Gerenciamento	Os gerentes de projetos gerenciam a equipe do projeto para atender aos objetivos do projeto.	Os gerentes de programas gerenciam a equipe do programa e os gerentes de projetos; eles proveem visão e liderança global.	Os gerentes de portfólio podem gerenciar ou coordenar a equipe de gerenciamento de portfólio.
Sucesso	O sucesso é medido pela qualidade do produto e do projeto, pontualidade, conformidade orçamentária e grau de satisfação do cliente.	O sucesso é medido pelo grau em que o programa atende às necessidades e aos benefícios para os quais foi executado.	O sucesso é medido em termos do desempenho agregado dos componentes do portfólio.
Monitoramento	Os gerentes de projetos monitoram e controlam o trabalho de elaboração dos produtos, serviços ou resultados para os quais o projeto foi realizado.	Os gerentes de programas monitoram o progresso dos componentes do programa para garantir que os objetivos, cronogramas, orçamento e benefícios globais do mesmo sejam atendidos.	Os gerentes de portfólio monitoram o desempenho e os indicadores de valor agregado da carteira.

Fonte: PMI, 2008:9.

Ciclo de vida e fases de projetos

Os projetos possuem um caráter finito e delimitado no tempo, isto é, possuem um início no qual a mobilização de recursos começa a ser construída, um momento de plena execução, no qual a alocação de recursos e esforços é máxima, e um fim no qual os recursos são desmobilizados do projeto, como pode ser visto na figura 20.

Essa característica é denominada ciclo de vida do projeto. Cada organização, cada indústria e até mesmo cada gerente de projeto possui uma maneira específica de representar esse ciclo de vida, muitas vezes segmentando-o em fases, ou seja, um agrupamento de entregas do projeto de caráter temporal.

Figura 20

NÍVEL TÍPICO DE CUSTOS E DE PESSOAL DO PROJETO AO LONGO DO SEU CICLO DE VIDA

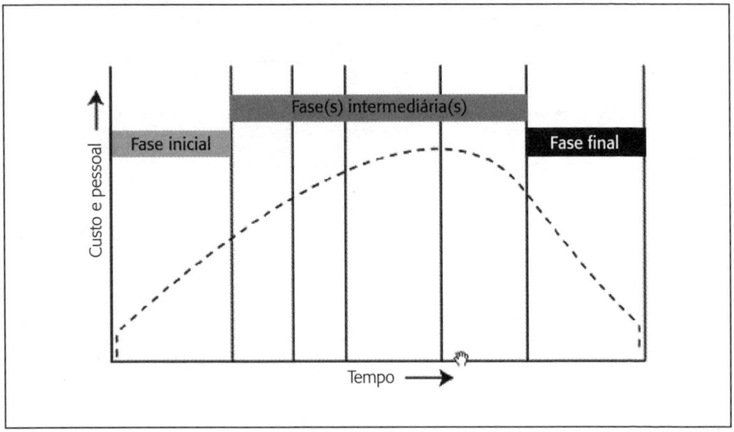

Não existe um modelo único de estruturação de um projeto em fases e os processos do *PMBOK* não determinam nenhuma regra ou restrição neste sentido.

Devemos prestar atenção em relação a um erro frequente: a confusão das fases com o conceito de grupos de processos do *PMBOK*.

As fases, geralmente, são determinadas de acordo com práticas da indústria na qual está inserido o projeto e da organização promotora do projeto, e são típicas de um determinado produto de projeto.

Dessa forma, é comum encontrarmos projetos de áreas distintas com ciclos de vida e fases totalmente distintos. Por exemplo: um projeto de desenvolvimento de sistemas, conforme visto na figura 21, poderia ter as fases concepção, estruturação, implementação e conclusão; já um projeto de construção de uma plataforma de petróleo poderia ser dividido em projeto conceitual, projeto básico, projeto detalhado, execução e operação.

Figura 21

Ciclo de vida do projeto — *PMBOK*

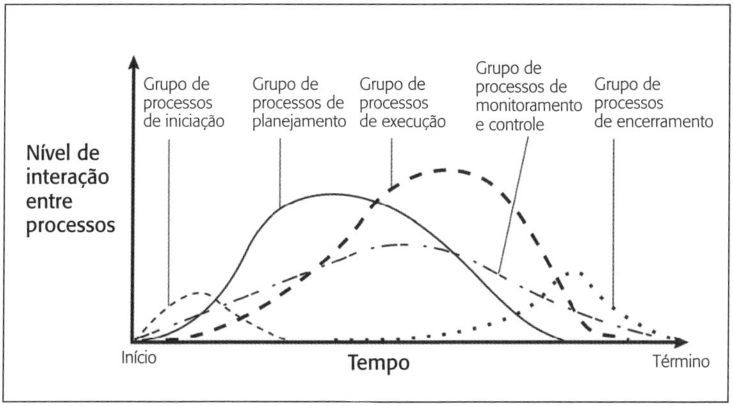

Fonte: PMI, 2008:41.

Ao término de uma fase, é possível que suas entregas sejam revistas como um todo, o resultado seja validado ou rejeitado, autorizando o projeto a avançar para a próxima fase ou então demandar alguns ajustes antes de prosseguir.

Tipicamente, em alguns projetos não é possível iniciar uma fase sem que haja uma validação formal da fase precedente. Por exemplo, em diversos projetos de construção civil não é possível avançar para a fase de construção sem que a fase de projeto arquitetônico esteja concluída. Por outro lado, é possível que fases tradicionalmente sequenciadas sejam iniciadas em paralelo por uma organização que aceite incorrer riscos de retrabalho, para o alcance de prazos agressivos como, por exemplo, um projeto de desenvolvimento de software que inicia a fase de desenvolvimento de programas sem que toda a fase de especificações esteja totalmente concluída.

Ciclo de vida do projeto estendido

Se considerarmos a disciplina de gerenciamento por projetos, poderemos enxergar um ciclo de vida estendido que incorpora fases do gerenciamento de portfólio de projetos. Essas fases, longe do controle do projeto, podem ser descritas sumariamente como as que podemos visualizar na figura 22.

Figura 22

CICLO DE VIDA ESTENDIDO DO PROJETO

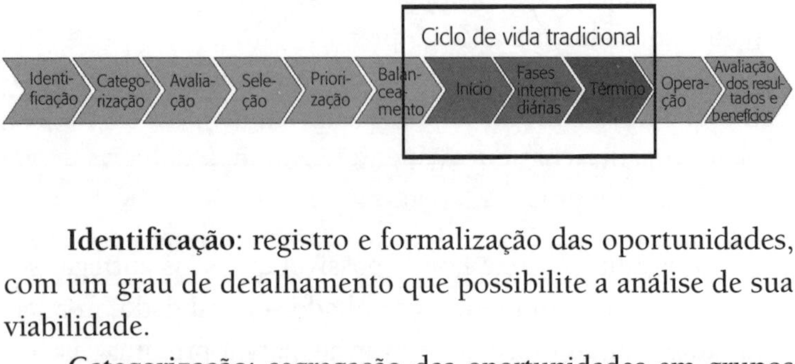

Identificação: registro e formalização das oportunidades, com um grau de detalhamento que possibilite a análise de sua viabilidade.

Categorização: segregação das oportunidades em grupos predefinidos, que sejam relevantes estrategicamente e facilitem a identificação do valor da oportunidade para a organização.

Avaliação: estudo, análise e avaliação de cada uma das oportunidades nos diversos pontos em que são relevantes para a organização. Em função da ponderação desses fatores é estabelecida uma pontuação que permite comparar uma determinada oportunidade com as demais.

Seleção: produção de uma lista reduzida das oportunidades com melhores chances de se transformar em projetos para a organização, de acordo com o alinhamento de cada uma das oportunidades ao planejamento estratégico da empresa e dentro das limitações de recursos físicos e financeiros.

Priorização de projetos: priorização da alocação de recursos da organização aos projetos selecionados em função do alinhamento, geração de valor, riscos, volume de trabalho etc. Pode-se, por exemplo, postergar alguns projetos de baixa prioridade.

Balanceamento: consideração de projetos como um conjunto e avaliar se continuam a fazer sentido juntos. Por exemplo, um projeto pode necessitar da realização de outro projeto, e essa dependência deve ser considerada na otimização do portfólio.

Início, fases intermediárias e término: fases do ciclo de vida da implantação do projeto.

Operação: transição do projeto para operações.

Avaliação dos resultados e benefícios: avaliação dos resultados e benefícios relacionados aos objetivos de negócio do projeto, normalmente a longo prazo.

De forma a ajudar o gerente de projeto a identificar o trabalho que deve entregar ao longo do ciclo de vida do projeto, existem organizações que disponibilizam metodologias de gerenciamento de projetos, organizando numa sequência ou fluxo de trabalho, processos de gerenciamento de projeto. Essas metodologias serão vistas a seguir.

Metodologia do gerenciamento de projetos

Determina quais entregas específicas de gerenciamento de projetos necessitam ser realizadas em um dado momento, possivelmente fornecendo modelos de documentos e disponibilizando ferramentas aceleradoras para sua execução.

O *PMBOK*, com seus 42 processos de gerenciamento de projetos, não é considerado uma metodologia, porque descreve processos de alto nível sem prescrever especificamente como devem ser implantados. Entretanto, é considerado uma ótima estrutura para que a metodologia específica de gerenciamento de projetos de uma organização se baseie.

Num dado projeto a metodologia de gerenciamento de projetos pode conviver com a metodologia de entrega do produto. A primeira deverá ser responsável pelas entregas e produtos do gerenciamento de projetos (como, por exemplo, declaração de escopo, cronogramas, orçamentos, estrutura analítica, plano de projeto) e a segunda deverá ser responsável pelas entregas do produto específico.

Por exemplo, em um projeto de desenvolvimento de uma nova droga farmacêutica, podemos ter uma metodologia de gerenciamento de projeto que será responsável pelo plano de projeto e uma metodologia para desenvolvimento do produto farmacêutico, que será responsável pelos estudos de estabilidade, testes clínicos e documentos dos órgãos reguladores, que precisam ser providenciados. É responsabilidade do gerente de projeto fazer a integração harmônica dessas metodologias.

Os 42 processos são integrados em cinco grupos, que serão vistos a seguir.

Grupos de processos

O *PMBOK*, em sua quarta edição, define 42 processos e existe um consenso geral sobre seu uso no gerenciamento de projetos.

Um gerente de projeto não precisa adotar explicitamente os 42 processos de gerenciamento de projetos para ser considerado um bom gerente. A aplicação e adequação dos processos do *PMBOK* dependerão do contexto e das necessidades do projeto em questão, cabendo ao gerente julgar quais são adequados à sua realidade. Implicitamente os 42 processos ocorrem em todos os projetos.

De maneira simplificada, podemos dizer que os processos de gerenciamento de projetos estabelecem ciclos de planejamento, execução e controle.

Esse ciclo pode ser repetido muitas vezes ao longo de um projeto. Existe um conjunto de processos que inicia a execução desse ciclo, e outro que o encerra. Dessa forma, os processos de gerenciamento de projetos podem ser integrados de acordo com o momento em que são usados no projeto.

Os cinco grupos (figura 23) são:

- iniciação — processo que formaliza a existência do projeto para a organização, define seus objetivos e seu escopo inicial, nomeia o gerente de projeto e autoriza a mobilização de recursos da organização para sua realização;
- planejamento — processo que determinará, com um melhor grau de precisão, o que deve ser feito, por meio da declaração de escopo, e como deve ser feito, por meio de um plano de gerenciamento de projeto. Essas definições são registradas em uma linha de base, que é um plano contra o qual os resultados serão conferidos;
- execução — produção das entregas do projeto por meio da integração de pessoas, organizações e recursos materiais;
- monitoramento e controle — conferência dos resultados da execução com a linha de base definida no planejamento. No caso de desvios, ações corretivas devem ser tomadas;
- encerramento — processo que formaliza o encerramento do projeto, o aceite dos resultados obtidos, o encerramento oficial de contratos e a desmobilização da equipe.

Figura 23

Os grupos de processos

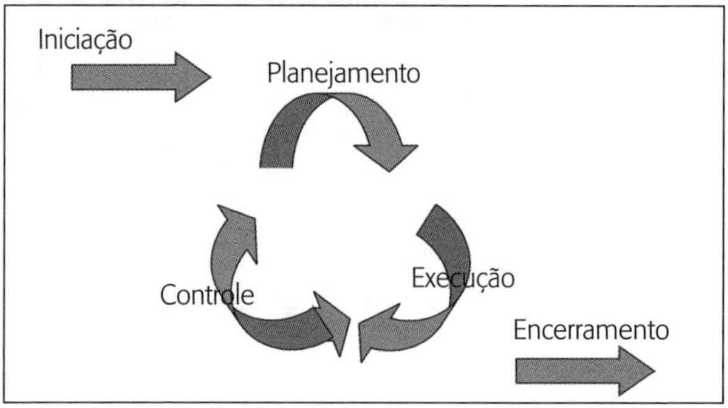

Quadro 4

Os processos do *PMBOK*

Áreas de conhecimento	Grupo de processos de gerenciamento de projetos				
	Grupo de processos de iniciação	Grupo de processos de planejamento	Grupo de processos de execução	Grupo de processos de monitoramento e controle	Grupo de processos de encerramento
4. Gerenciamento da integração do projeto	4.1 Desenvolver o termo de abertura do projeto	4.2 Desenvolver o plano de gerenciamento do projeto	4.3 Orientar e gerenciar a execução do projeto	4.4 Monitorar e controlar o trabalho do projeto 4.5 Realizar o controle integrado de mudanças	4.6 Encerrar o projeto ou a fase
5. Gerenciamento do escopo do projeto		5.1 Coletar os requisitos 5.2 Definir o escopo 5.3 Criar a EAP		5.4 Verificar o escopo 5.5 Controlar o escopo	
6. Gerenciamento de tempo do projeto		6.1 Definir as atividades 6.2 Sequenciar as atividades 6.3 Estimar os recursos da atividade 6.4 Estimar a duração das atividades 6.5 Desenvolver o cronograma		6.6 Controlar o cronograma	
7. Gerenciamento dos custos do projeto		7.1 Estimar os custos 7.2 Determinar o orçamento		7.3 Controlar os curstos	
8. Gerenciamento da qualidade do projeto		8.1 Planejar a qualidade	8.2 Realizar a garantia da qualidade	8.3 Realizar o controle da qualidade	
9. Gerenciamento dos recursos humanos do projeto		9.1 Desenvolver o plano de recursos humanos	9.2 Mobilizar a equipe do projeto 9.3 Desenvolver a equipe do projeto 9.4 Gerenciar a equipe do projeto		
10. Gerenciamento das comunicações do projeto	10.1 identificar as partes interessadas	10.2 Planejar as comunicações	10.3 Distribuir as informações 10.4 Gerenciar as expectativas das partes interessadas	10.5 Reportar o desempenho	
11. Gerenciamento de riscos do projeto		11.1 Planejar o gerenciamento dos riscos 11.2 identificar os riscos 11.3 Realizar a análise qualitativa dos riscos 11.4 Realizar a análise quantitativa dos riscos 11.5 Planejar as respostas aos riscos		11.6 Monitorar e controlar os riscos	
12. Gerenciamento de aquisições do projeto		12.1 Planejar as aquisições	12.2 Conduzir as aquisições	12.3 Administrar as aquisições	12.4 Encerrar as aquisições

Fonte: PMI, 2008:43.

Os grupos de processos não são fases, e sim agrupamentos de processos de gerenciamento de projetos, podendo todos eles se repetir dentro de cada uma das fases do projeto. Eles também podem existir em apenas algumas das fases do projeto, dependendo da prática de gerenciamento de projetos adotada em cada momento do projeto.

Os processos de planejamento, execução e controle podem se repetir em diversas iterações e ciclos de retroalimentações até que o resultado do projeto seja atingido.

Os processos podem ser divididos em áreas, agrupados por requisitos de conhecimento, ou seja, processos que são tratados por um conjunto de técnicas em comum e que trabalham com um conjunto similar de entradas e saídas. As áreas de conhecimento de gerenciamento de projetos, de acordo com o *PMBOK*, são:

- integração do gerenciamento do projeto;
- gerenciamento do escopo do projeto;
- gerenciamento de tempo do projeto;
- gerenciamento de custos do projeto;
- gerenciamento da qualidade do projeto;
- gerenciamento de recursos humanos do projeto;
- gerenciamento das comunicações do projeto;
- gerenciamento de riscos do projeto;
- gerenciamento de aquisições do projeto.

Os 42 processos podem ser visualizados por grupos de processos ou por área de conhecimento. Um resumo desses processos pode ser visto na quadro 4.

Processos de iniciação

É composto pelos processos que obtêm a autorização para o início do projeto ou de sua fase, conforme pode ser visualizado na figura 24.

Figura 24

Processos de iniciação

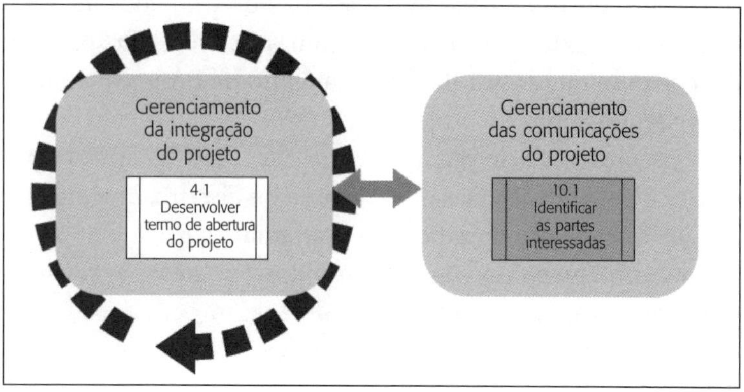

Fonte: PMI, 2008:45.

Desenvolver o termo de abertura (project charter) do projeto

É a autorização para o início do projeto ou de uma de suas fases, documentando as suas necessidades e conectando o projeto aos trabalhos em andamento da organização.

Identificar as partes interessadas

É a identificação de todas as pessoas ou organizações que podem ser afetadas pelo projeto, além do registro das informações importantes ligadas aos seus interesses, impacto e envolvimento no projeto.

Processos de planejamento

Esses processos são responsáveis pelo planejamento e gerenciamento dos projetos, por meio do plano de gerenciamento. Também refinam o seu escopo, o seu custo e o agendamento das suas atividades.

Durante o planejamento, a equipe do projeto deve trabalhar com todas as partes interessadas, de forma a aproveitar o seu conhecimento específico para o plano de gerenciamento e outros documentos. A visão geral do grupo de processos de planejamento pode ser analisada na figura 25. A seguir, a descrição de cada um.

Figura 25

Grupo de processos de planejamento

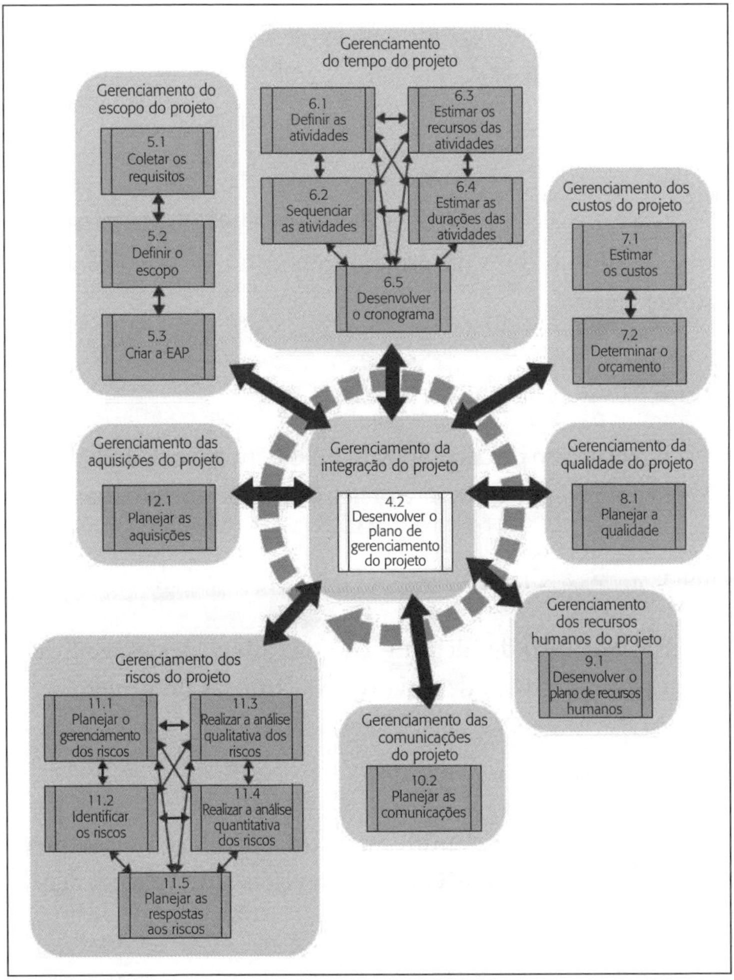

Fonte: PMI, 2008:47.

Desenvolver o plano de gerenciamento do projeto

É o processo de registro das atividades necessárias para definir, preparar, integrar e coordenar todos os planos na principal fonte de informações de como o projeto será planejado, executado, monitorado, controlado e encerrado: o plano de gerenciamento do projeto.

Coletar os requisitos

É o processo de definir e registrar as necessidades das partes interessadas para a obtenção dos objetivos do projeto.

Definir o escopo

É o processo de criação de uma descrição detalhada do projeto e do produto do projeto, que serve de base para suas futuras decisões.

Criar a estrutura analítica do projeto (EAP)

É o processo de decomposição das entregas e do trabalho do projeto em componentes menores e de gerenciamento mais fácil.

Definir as atividades

É o processo de identificação das atividades específicas a serem realizadas para desenvolver as entregas do projeto.

Sequenciar as atividades

É o processo de identificação e documentação das sequências lógicas entre as atividades previstas no cronograma do projeto.

Estimar os recursos das atividades

É o processo de estimar os recursos necessários para executar as atividades previstas no cronograma do projeto.

Estimar as durações das atividades

É o processo de estimativa dos períodos de trabalho estimados para terminar as atividades previstas no cronograma do projeto.

Desenvolver o cronograma

É o processo de desenvolvimento do cronograma do projeto, analisando os recursos necessários, restrições, durações e sequenciamento necessário das atividades.

Estimar os custos

É o processo responsável pelo desenvolvimento de uma estimativa aproximada dos custos do projeto.

Determinar o orçamento

É o processo responsável pela agregação dos custos estimados das atividades individuais, estabelecendo uma linha de base dos mesmos.

Planejar a qualidade

É o processo de estabelecimento dos requisitos e/ou padrões de qualidade do projeto e do produto, além da documentação de como o projeto atingirá a conformidade.

Desenvolver o plano de recursos humanos

É o processo responsável pela definição de funções, responsabilidade e hierarquia do projeto, bem como do plano de gerenciamento de pessoal.

Planejar as comunicações

É o processo de determinação das necessidades de informação das partes interessadas no projeto e definição de uma estratégia de comunicação.

Planejar o gerenciamento de riscos

É o processo responsável pela estratégia de planejamento e execução das atividades de gerenciamento de riscos de um projeto.

Identificar os riscos

É o processo responsável pela análise e documentação dos riscos que podem afetar o projeto.

Realizar a análise qualitativa de riscos

É o processo responsável pela priorização dos riscos identificados no processo anterior, utilizando avaliações e combinações de probabilidade de ocorrência e seus impactos no projeto.

Realizar a análise quantitativa de riscos

É o processo responsável pela análise numérica do efeito dos riscos identificados no processo anterior.

Planejar as respostas aos riscos

É o processo responsável pelo desenvolvimento de ações necessárias à diminuição dos riscos identificados nos processos de análise de riscos anteriores.

Planejar as aquisições

É o processo de documentação das decisões de aquisições do projeto, através da especificação de estratégias de aquisições e da identificação de fornecedores.

Processos de execução

Esses processos são responsáveis pela execução dos trabalhos definidos pelo plano de gerenciamento, de forma a atender os requisitos do projeto, envolvendo a coordenação de pessoas e recursos. O conjunto de processos de execução, descrito a seguir, pode ser visto na figura 26.

Orientar e gerenciar a execução do projeto

É o processo responsável por definir as interfaces existentes no projeto, de forma a executar o trabalho definido anteriormente. Além disso, são coletadas informações a respeito do andamento dos trabalhos de forma a relatar continuamente o seu desempenho.

Realizar a garantia da qualidade

É o processo responsável pela aplicação das atividades de qualidade planejadas, de forma a garantir que o projeto seja bem-sucedido.

Figura 26

PROCESSOS DE EXECUÇÃO

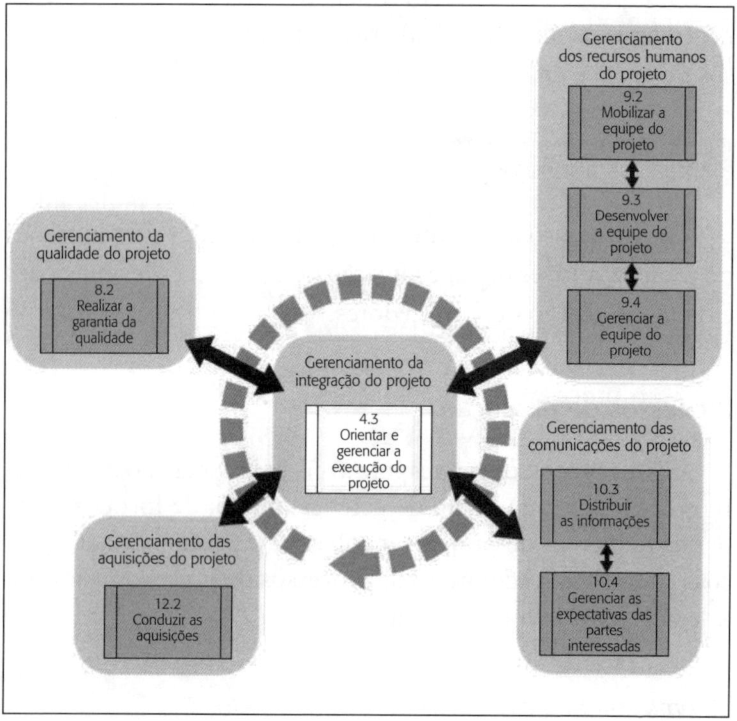

Fonte: PMI, 2008:56.

Mobilizar a equipe do projeto

É o processo responsável pela obtenção dos recursos humanos requeridos para a execução do projeto.

Desenvolver a equipe do projeto

É o processo responsável pela capacitação da equipe, de forma que esta possa alcançar seu objetivo no projeto.

Gerenciar a equipe do projeto

É o processo de acompanhar o desempenho de membros da equipe, fornecer *feedback*, resolver questões e gerenciar mudanças para otimizar o desempenho do projeto.

Distribuir informações

É o processo responsável pela disponibilização das informações para as partes interessadas no projeto.

Gerenciar as expectativas das partes interessadas

É o processo de comunicação e interação com as partes interessadas para atender às suas necessidades.

Realizar aquisições

É o processo de obtenção de respostas de propostas de fornecedores, seleção de fornecedores e adjudicação de contratos.

Processos de monitoramento e controle

Esses processos são utilizados para o gerenciamento da execução do projeto, identificando eventuais problemas no momento adequado e permitindo a tomada de ações corretivas, quando necessário. Pode-se visualizar o conjunto de processos de controle na figura 27 e sua descrição é apresentada a seguir.

Monitorar e controlar o trabalho do projeto

É o processo responsável pela obtenção de informações sobre o desempenho do projeto, incluindo o monitoramento de riscos, e a publicação de relatórios gerenciais em relação a escopo, cronograma, custos, recursos, qualidade e risco.

Figura 27

PROCESSOS DE MONITORAMENTO E CONTROLE

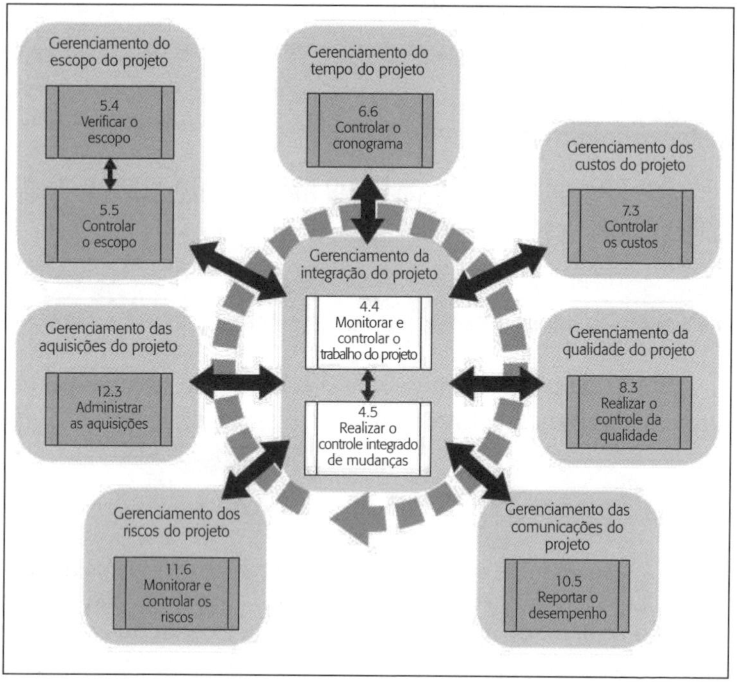

Fonte: PMI, 2008:60.

Realizar o controle integrado de mudanças

É o processo responsável pelo controle dos fatores geradores de mudança no projeto, de forma que qualquer mudança seja realizada para melhorar o projeto.

Verificar o escopo

É o processo de responsável pela formalização do aceite das entregas do projeto.

Controlar o escopo

É o processo responsável pelo controle das mudanças no escopo do projeto.

Controlar o cronograma

É o processo responsável pelo controle das mudanças no cronograma do projeto.

Controlar os custos

É o processo responsável pelo controle do orçamento do projeto.

Realizar o controle da qualidade

É o processo responsável pelo monitoramento dos resultados do projeto, de forma a verificar se estão de acordo com os padrões de qualidade estabelecidos.

Reportar o desempenho

É o processo responsável pela obtenção de informações sobre o desempenho do projeto.

Monitorar e controlar os riscos

É o processo responsável pelo gerenciamento dos riscos, acompanhando os riscos identificados, identificando novos riscos e trabalhando em planos de resposta a riscos durante toda a existência do projeto.

Administrar as aquisições

É o processo responsável pelo gerenciamento dos contratos com os fornecedores, analisando e documentando o seu desempenho.

Processos de encerramento

São os processos utilizados para finalizar as atividades de um projeto ou de uma de suas fases. O grupo de processos de encerramento pode ser visto na figura 28 e a seguir o detalhamento de cada um.

Figura 28
PROCESSOS DE ENCERRAMENTO

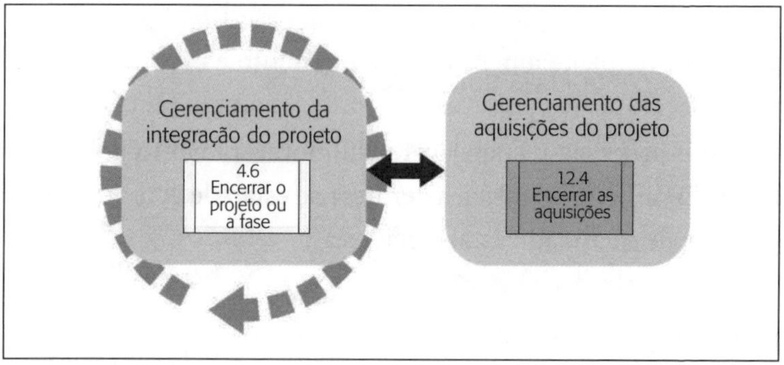

Fonte: PMI, 2008:45.

Encerrar o projeto ou a fase

É o processo responsável pela finalização de todas as atividades em todos os grupos de processos para o encerramento formal do projeto ou de uma fase do projeto.

Encerrar as aquisições

É o processo responsável pela finalização de todos os contratos utilizados no projeto.

5

Planejamento, monitoramento e controle

Neste capítulo apresentaremos os conceitos fundamentais e os processos de planejamento, monitoramento e controle de projetos, decompostos por áreas de conhecimento. Também apresentaremos a sistemática de monitoramento e controle decomposta em fases.

Relação entre os processos

O planejamento, o monitoramento e o controle são processos interdependentes e essenciais para o sucesso do projeto. Por meio do planejamento, têm-se planos que orientam as ações de gerenciamento e nos dizem em que ponto deveríamos estar, enquanto o monitoramento e controle nos informam em que ponto de fato estamos, possibilitando a detecção de desvios e a implementação de medidas corretivas.

Um planejamento adequado, balizado por um monitoramento e controle eficazes, potencializa o sucesso do projeto ao fornecer melhores estimativas sobre o resultado final desejado e ao minimizar prazos, custos e riscos.

Planejamento

O planejamento é o responsável pela definição do curso das ações a serem desenvolvidas. É, em síntese, um processo contínuo de tomada de decisão que busca a eficiência e a eficácia do processo produtivo.

Segundo Ackoff (1970), planejamento é algo feito antes da ação, sendo necessário quando a realização do estado futuro almejado envolve um conjunto de decisões interdependentes. Assim, está voltado para a obtenção de estados futuros, que não deverão ocorrer a não ser que algo seja feito.

Limmer (1997:15) conceitua planejamento

> como um processo por meio do qual se estabelecem objetivos, discutem-se expectativas de ocorrências de situações previstas, veiculam-se informações e comunicam-se resultados pretendidos entre pessoas, entre unidades de trabalho, entre departamentos de uma empresa e, mesmo, entre empresas.

Cleland (2002:187) considera que "Planejamento é o processo de análise e explicitação dos objetivos, metas e estratégias necessários para que o projeto, durante o seu ciclo de vida, possa alcançar plenamente seus objetivos de custo, cronograma e desempenho técnico".

Como visto anteriormente, sob a ótica do PMI (2008), o ciclo de vida do projeto é formado por um conjunto de fases logicamente relacionadas, cada uma contendo normalmente cinco grupos de processos que apresentam relação de iteratividade e interatividade, e que são implementados na mesma sequência em todos os projetos. São eles: iniciação, planejamento, execução, monitoramento e controle, encerramento.

O PMI (2008:45) caracteriza o planejamento como um conjunto de processos que são "realizados para estabelecer o escopo total do esforço, definir e refinar os objetivos e desenvolver o curso de ação necessário para alcançar esses objetivos".

> Os processos de planejamento desenvolvem o plano de gerenciamento e os documentos do projeto que serão usados para executá-lo. A natureza multidimensional do gerenciamento de projetos cria realimentações de *feedback* periódicos para análise adicional. À medida que mais informações ou características do projeto são coletadas e entendidas, pode ser necessário um planejamento adicional. Mudanças significativas ocorridas ao longo do ciclo de vida do projeto acionam uma necessidade de revisitar um ou mais dos processos de planejamento e, possivelmente, alguns dos processos de iniciação. Esse detalhamento progressivo do plano de gerenciamento do projeto com frequência é denominado "planejamento por ondas sucessivas", indicando que o planejamento e a documentação são processos iterativos e contínuos.

Em essência, planejamento pode ser entendido como um macroprocesso formado por um conjunto de processos interativos, que visam ao atendimento de objetivos previamente definidos, por meio do estabelecimento de decisões e ações que estabelecem o que fazer, como fazer, quando fazer e quem fará, resultando principalmente em definições de escopo, prazo, custo, qualidade e risco.

Para Cleland (2002), o planejamento de projetos deve ser desenvolvido em função de três conceitos: requisitos, diretrizes e responsabilidades, conforme o quadro 5.

O PMI (2008) apresenta uma visão de planejamento mais abrangente, detalhada e aderente à prática corrente de gerenciamento de projetos, que apresenta o planejamento como um conjunto de processos, conforme visto no capítulo 3, sendo que, para cada caso, a equipe de gerenciamento deve decidir sobre explicitar ou não cada um desses processos.

Quadro 5

FUNDAMENTOS DO PLANEJAMENTO DE PROJETOS

Requisitos	❑ Compreender os requisitos do projeto ❑ Saber o que pode ser traduzido do plano de projeto para a situação de trabalho
Diretrizes	❑ Estabelecer objetivos do projeto ❑ Qualidade ❑ Cronograma ❑ Custo ❑ Executar o planejamento em sequência ❑ Descrever parâmetros técnicos ❑ Planejar o trabalho ❑ Identificar os recursos necessários ❑ Calcular custos ❑ Preparar orçamento ❑ Identificar e registrar fatos do projeto ❑ Desenvolver premissas ❑ Identificar problemas e solucioná-los ❑ Identificar e documentar mecanismos de controle ❑ Detalhar planejamento ❑ Considerar interfaces e dependências
Responsabilidades	❑ Identificar papéis e responsabilidades com relação à equipe, à alta administração e gerentes funcionais

Fonte: Baseado em Cleland (2002).

O quadro 6 apresenta estes processos de planejamento agrupados pelas áreas de conhecimento em gerenciamento de projetos.

Quadro 6

PROCESSOS DE PLANEJAMENTO AGRUPADOS POR ÁREA DE CONHECIMENTO

Área de conhecimento	Processos de planejamento
Integração do gerenciamento de projetos	Desenvolver o plano de gerenciamento do projeto
Gerenciamento do escopo do projeto	Coletar os requisitos, definir o escopo e criar a EAP
Gerenciamento de tempo do projeto	Definir as atividades, efetuar o sequenciamento de atividades, estimar os recursos das atividades, estimar a duração das atividades, desenvolver o cronograma
Gerenciamento de custo do projeto	Estimar os custos e determinar o orçamento
Gerenciamento da qualidade do projeto	Planejar a qualidade
Gerenciamento de recursos humanos do projeto	Desenvolver o plano de recursos humanos
Gerenciamento das comunicações do projeto	Planejar as comunicações
Gerenciamento de riscos do projeto	Planejar o gerenciamento de riscos, identificar os riscos, analisar qualitativa e quantitativamente os riscos, planejar as respostas a riscos
Gerenciamento de aquisições do projeto	Planejar as aquisições

Fonte: PMI, 2008.

O planejamento se traduz na forma de planos que expressam as decisões tomadas ao longo do processo, baseadas principalmente em fatos relevantes do passado e presente e em cenários futuros.

O termo de abertura do projeto

Qualquer que seja o motivo que deflagrou o projeto, seja a necessidade de uma mudança interna, atender a legislação, atender uma demanda de mercado, ou realizar uma inovação tecnológica, o desenvolvimento de um novo projeto necessita de um mínimo de formalização.

O processo de desenvolvimento de projetos pode incluir desde um sofisticado processo de gerenciamento de portfólio até a simples orientação de um executivo durante uma reunião. Qualquer que seja o processo, é necessário formalizá-lo por meio de um documento; a literatura chama esse documento de termo de abertura do projeto ou *project charter*.

O termo de abertura ou *project charter* do projeto pode ser um documento sucinto, emitido por um executivo com nível e poder suficientes para autorizar a disponibilização de pessoas e fundos para o projeto. Ele também deve outorgar autoridade limitada, mas suficiente para o gerente de projeto usar os recursos da organização no desenvolvimento do projeto.

Esse documento é assinado pelo executivo emissor e deve ser acessível a todas as partes interessadas no projeto. Em alguns casos, o termo de abertura é formalizado por meio de um memorando ou mesmo um e-mail.

No termo de abertura do projeto devem constar o nome do gerente de projeto, a especificação de seus deveres e autoridade e quais setores da organização devem apoiá-lo.

A emissão do termo de abertura do projeto é uma oportunidade para o executivo emissor esclarecer os objetivos que a organização espera do projeto. Eles devem ser colocados de forma simples, específica, mensurável, factível e delimitada no tempo, e também documentar quais necessidades organizacionais ou de negócio motivaram a criação do projeto.

O termo de abertura é um documento que serve como fonte para a elaboração da declaração preliminar de escopo do projeto, conforme pode ser visto a seguir.

Declaração de escopo

Uma vez nomeado, a tarefa do gerente será identificar e classificar os intervenientes (*stakeholders* ou partes interessadas) do projeto, utilizando uma série de técnicas que serão detalhadas no próximo capítulo.

Além disso, ele deve entender os objetivos do projeto, para posteriormente planejar como atingi-los. Nesse entendimento inicial, uma questão muito importante é o registro de premissas e restrições.

Segundo o *PMBOK* (2008:439), premissas são fatores que, para fins de planejamento, são considerados verdadeiros, reais ou certos sem prova ou demonstração. Um exemplo de premissa é que a cotação do dólar permanecerá estável no próximo ano. Em outro exemplo, o gerente de projeto pode documentar que em um projeto de construção com prazo preestabelecido, ele pode assumir que durante a execução dos trabalhos 70% dos dias serão ensolarados. Como o gerente não tem condições de controlar o clima, esta é uma premissa para o projeto.

A documentação das premissas de um projeto é muito importante, já que permite às partes interessadas ter ciência das decisões tomadas no projeto. Caso alguma premissa não se realize, o gerente do projeto tem justificativas para tomar ações que levem o projeto ao curso original.

Ao contrário das premissas, as restrições limitam o trabalho do gerente de projeto e sua equipe, mas o seu atendimento está no âmbito do controle gerencial. As restrições também devem ser claramente documentadas pelo gerente do projeto, pois impactam diretamente no seu trabalho. Por exemplo, na maioria dos projetos o orçamento é uma restrição aplicável.

Em paralelo com a elaboração da declaração de escopo, pode-se iniciar a elaboração do plano do projeto, conforme pode ser visto a seguir.

A elaboração do plano do projeto

O gerente de projeto pode e deve compartilhar a responsabilidade pela elaboração do plano de projeto e da declaração de escopo com os membros da equipe, sem esquecer que sua principal atividade é a integração do projeto.

O plano de projeto é o instrumento utilizado pelo gerente para identificar como desenvolver o produto do projeto. Segundo o PMI (2008), o plano de gerenciamento do projeto pode ser constituído por um ou mais planos auxiliares e outros componentes, que incluem, mas não se limitam a:

- plano de gerenciamento do escopo;
- plano de gerenciamento dos requisitos;
- plano de gerenciamento do cronograma;
- plano de gerenciamento dos custos;
- plano de gerenciamento da qualidade;
- plano de melhorias no processo;
- plano de gerenciamento dos recursos humanos;
- plano de gerenciamento das comunicações;
- plano de gerenciamento dos riscos;
- plano de gerenciamento das aquisições;
- linha de base do cronograma;
- linha de base do desempenho de custos;
- linha de base do escopo.

O trabalho de elaboração do plano de projeto é sequenciado e iterativo, não devendo ser tratado como um trabalho estático e acabado. Várias versões são normalmente produzidas até se chegar a uma versão consistente e estável. Uma representação possível do processo de elaboração do plano de projeto pode ser vista na figura 29.

Figura 29

PROCESSO DE ELABORAÇÃO DO PLANO DO PROJETO

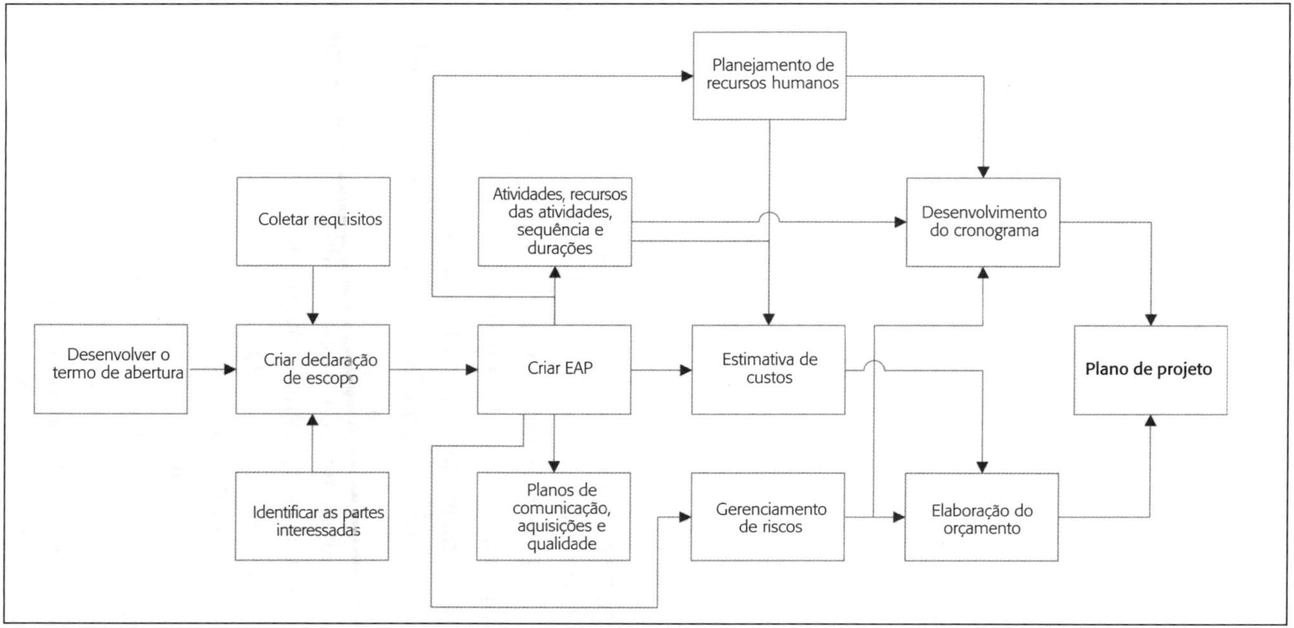

Muito frequentemente, o cronograma ou orçamento gerados durante a elaboração do plano não se mostram compatíveis com os objetivos iniciais estabelecidos pelos patrocinadores do projeto. Nessa situação, o gerente de projeto tem uma tarefa bastante crítica, já que será necessário um processo de negociação e possível replanejamento do projeto. Independentemente do desgaste possivelmente gerado por essa tarefa, ela se mostra indispensável, e o gerente deve encará-la e não cair na tentação de ajustar números para que coincidam com o resultado esperado.

Um exemplo dessa atitude pode ser uma negociação para diminuição do escopo do projeto, cortando funcionalidades de forma a atingir as metas desejadas, devendo-se deixar claro qual parte foi eliminada e qual foi preservada. Outra possibilidade é a solicitação por mais tempo ou mais orçamento, desde que devidamente justificado, facilitando o processo de tomada de decisão por parte dos executivos.

Caso alguma ação mais arriscada seja tentada para atingir o prazo e o orçamento esperado, o gerente de projeto deve deixar claro quais são os riscos e qual o impacto caso algo saia errado.

Esse momento de negociação com os patrocinadores pode ser crítico, e o gerente de projeto pode ser submetido a várias pressões, muitas vezes antagônicas. Nesse momento o recomendável é agir com profissionalismo e ética, deixando as premissas e riscos assumidos claros e documentados para todos.

Além dos planos de escopo, tempo e custos, os planos das demais áreas de conhecimento são igualmente importantes, devendo ser desenvolvidos pela equipe de gerenciamento do projeto.

Dessa forma, o gerente precisa identificar quais padrões de qualidade devem ser atendidos pelo projeto e como eles serão atendidos no chamado plano de gerenciamento da qualidade.

Deve também determinar qual será o processo sistemático de identificação, análise, controle e resposta aos riscos, documentando-os no plano de gerenciamento de riscos, e definir quem precisa receber qual informação do projeto, e o formato e frequência em que ela será entregue, registrando-as no plano de gerenciamento de comunicações.

A forma como foi concebido cada pacote de trabalho está relacionada com o time que irá executá-lo. A principal vantagem de usar o conceito de pacote é que mesmo em projetos muito grandes é possível usar times pequenos que trabalham focados na produção de uma entrega concreta, de maneira independente, porém integrável.

Durante o planejamento do projeto, o gerente deve especificar as atribuições e habilidades específicas dos membros do seu time, e posteriormente alocar recursos para estas funções.

Como já visto, a decomposição do projeto em partes menores e mais facilmente gerenciáveis, chamada de pacotes de trabalho, permite que o planejamento avance para níveis maiores de detalhamento, chegando à elaboração de um cronograma e de um orçamento.

Os pacotes de trabalho são decompostos em tarefas, onde cada uma pode ter a identificação dos recursos necessários. Essas tarefas devem ser sequenciadas entre si, podendo nesse estágio ter suas durações estimadas.

No entanto, tarefas, recursos, sequências e durações não são elementos suficientes para a construção de um cronograma. Além disso, é necessário:

- identificar riscos e tomar ações preventivas;
- dar ênfase às tarefas que podem resultar em gargalos no projeto;
- considerar a alocação de um número maior ou menor de recursos por tarefa;
- considerar estratégias de implementação (como, por exemplo, se devemos ou não utilizar técnicas de paralelização em algumas fases do projeto).

Os planos vistos anteriormente podem vir a abordar qualquer tema que ajude a clarificar a natureza daquilo que se está desenvolvendo.

O conjunto de documentos que compõe o plano de projeto deve ser trabalhado até que se tenha uma versão consistente. Por exemplo, o cronograma deve ser consistente com o orçamento e o escopo, o plano de comunicações consistente com o plano de risco e assim por diante.

O plano de projeto pode ser analisado pelas partes interessadas, e caso seja considerado pronto para ser executado, devemos registrar esta versão como a linha de base do projeto. A linha de base do projeto contém as metas originais de escopo, custo, cronograma e qualidade, e todos os indicadores de desempenho do projeto deverão confrontar a situação corrente do projeto contra sua versão aprovada.

O papel de integrador do gerente de projeto

Um dos papéis do gerente é ajudar a clarificar quais produtos concretos o projeto deve produzir, quais são seus componentes e seus responsáveis, assegurar sua execução e posteriormente fazer com que os componentes sejam integrados no produto desejado.

Logo, em um primeiro instante o gerente terá como função a decomposição do projeto em partes, e em seguida deverá reagrupar essas partes para concluir o projeto. Essa característica deixa claro o papel de integrador desempenhado pelo gerente de projeto.

No início do planejamento do projeto o gerente pode dispor de ferramentas que lhe permitem perceber o que deve ser entregue. Entre essas ferramentas podemos citar a declaração de escopo, que é um documento que descreve o que o projeto deve fazer, e a estrutura analítica do projeto (EAP), uma representação gráfica do escopo, com orientação por entregas do projeto.

Posteriormente, o gerente deverá determinar como entregará o projeto, fazendo uso do plano do projeto e de seus componentes, tais como cronograma, orçamento e plano de comunicações.

Durante a elaboração da estrutura analítica do projeto, o gerente deve ter em mente quais serão as entregas do projeto. Definimos entregas (*deliverables*) como qualquer produto ou parte do projeto que deva ser feita para finalizar um projeto ou uma de suas fases.

Uma vez identificadas, as entregas do projeto (*deliverables*) são decompostas em partes menores, chamadas pacotes de trabalho, que também são elementos tangíveis, concretos e mensuráveis, necessários para a elaboração do projeto.

Os pacotes de trabalho devem possibilitar decomposições de alto nível, ainda que estejam na amplitude de controle do gerente de projeto.

O pacote de trabalho marca uma transição da responsabilidade de integração e controle imediato do gerente de projeto, quando ele entrega o pacote de trabalho para outro responsável supervisioná-lo e integrá-lo.

Esse outro responsável, um gerente específico de uma das áreas de conhecimento, pode por sua vez utilizar o mesmo método, decompondo o pacote de trabalho em partes menores e mais fáceis de gerenciar, possibilitando a sua posterior integração.

Não é incomum verificarmos gerentes de projeto se envolvendo com detalhes hierarquicamente abaixo do pacote de trabalho. Devemos, no entanto, atentar para o fato de que a grande tarefa do gerente de projeto é cuidar da coordenação de todos os pacotes de trabalho por ele integrados.

Execução do plano do projeto

Um plano bem desenvolvido ajuda muito, mas não é condição suficiente para o sucesso na sua execução. É necessário que as pessoas envolvidas conheçam o plano, entendam-no e estejam de acordo com ele. Além disso, o gerente deve assegurar que todos os membros da equipe tenham oportunidade de entender e ser treinados nas tarefas que deverão desempenhar.

É necessário investir esforço na comunicação do plano e fazer com que as pessoas que irão realizá-lo sejam envolvidas e comprometidas com as suas ideias e objetivos. O gerente deve reservar uma parte de seu tempo para conversar particularmente com cada "dono" de pacote de trabalho, comunicar responsabilidades com antecedência e ressaltar a parte daquela pessoa no plano, certificando-se que a mensagem foi transmitida conforme o necessário.

A reunião de *kick-off*, ou seja, o lançamento oficial do projeto, é uma oportunidade para comunicar e apresentar o plano de projeto, bem como para dar-lhe visibilidade. Dessa forma, o gerente deve investir na visibilidade do plano de projeto, utilizando todos os meios disponíveis para isso (desde murais a sites na internet ou intranet).

O gerente também deve deixar claro qual é o critério de aceite de cada pacote de trabalho, para evitar conflitos no momento da verificação da entrega e para que os responsáveis pelo pacote de trabalho saibam diferenciar entre um resultado bom e um que não seja aceitável. Outro cuidado necessário no momento da execução é acompanhar e apontar o progresso de cada uma das tarefas.

A liberação dos pacotes de trabalho e tarefas para os indivíduos deve ser feita num momento oportuno para o projeto cuja identificação depende da visão integrada do gerente de projeto.

O gerente deve também implantar um sistema de autorização formal de trabalho, ativando ou restringindo a execução do trabalho no projeto. Esse sistema pode ser implantado por meio de um sistema de gerenciamento de projetos ou de um sistema de fluxo de documentos automatizado.

Somente pacotes de trabalho que fazem parte da linha de base devem ser liberados para execução pelo sistema de autorização de trabalho. Mudanças aprovadas serão implementadas porque devem passar a incorporar a versão corrente da linha de base do projeto.

Concluímos que, durante o processo de execução, o gerente de projeto estará bastante ocupado enviando e recebendo informações. Deve fazer parte de seus cuidados durante a execução o gerenciamento do time de projetos, avaliando o desempenho dos membros da equipe, promovendo atividades de construção de equipe e senso de grupo. O gerente de projeto também pode lançar mão de reconhecimentos e prêmios para a equipe de projeto.

O plano, assim como o planejamento, não é estático, sofrendo correções conforme as solicitações impostas pelo meio. Essas correções se fazem necessárias porque o processo de tomada de decisão se fundamenta em expectativas de futuro (as decisões operam sobre o futuro), que, ao não se concretizarem, induzem a desvios que precisam ser corrigidos.

Os planos, além de conter a forma como as ações deverão ser desenvolvidas, também devem indicar os padrões esperados de desempenho, o que não impede que, por ocasião do monitoramento e controle, outras informações sejam coletadas e avaliadas.

A detecção e correção de desvios é o principal objetivo do monitoramento e controle, conforme veremos a seguir.

Monitoramento e controle

Dificilmente tudo acontece conforme o planejamento. Por isso, os gerentes que possuem mais sucesso são aqueles que sabem se preparar de forma estruturada para as mudanças e que conseguem identificar em tempo hábil e responder prontamente aos desvios.

Para Limmer (1997:120),

> Durante a implementação de um projeto, os parâmetros definidos para a sua execução têm que ser controlados a fim de que os objetivos propostos sejam atendidos dentro dos padrões preestabelecidos, surgindo daí a necessidade do controle do projeto cuja função principal é detectar desvios e garantir, assim, que o plano do projeto seja cumprido, de forma que se tenha em qualquer época o realizado o mais próximo possível do planejado.

Para Cleland (2002:204), "Controle é o processo de supervisão dos recursos utilizados no projeto para determinar se os resultados reais estão sendo alcançados de modo a que objetivos de desempenho técnico, tempo e custo planejados do projeto sejam atingidos".

Segundo o PMI (2008:59), o grupo de processos de monitoramento e controle consiste nos processos necessários para acompanhar, revisar e regular o progresso e o desempenho do projeto, identificar todas as áreas nas quais serão necessárias mudanças no plano e iniciar as mudanças correspondentes. O principal benefício desse grupo de processos é observar e mensurar o desempenho do projeto de forma periódica e uniforme, para identificar variações em relação ao plano de gerenciamento do mesmo. O grupo de processos de monitoramento e controle também inclui:

- controlar as mudanças e recomendar ações preventivas em antecipação a possíveis problemas;
- monitorar as atividades do projeto em relação ao plano de gerenciamento e à linha de base de desempenho do mesmo;
- influenciar os fatores que poderiam impedir o controle integrado de mudanças, para que somente as mudanças aprovadas sejam implementadas.

Para Cleland há quatro elementos-chave em um sistema de controle (figura 30).

O PMI (2008) apresenta uma visão de monitoramento e controle mais abrangente, detalhada e aderente à prática corrente de gerenciamento de projetos, que apresenta o monitoramento e controle como um conjunto de processos, conforme visto no capítulo 4, sendo que, para cada caso, a equipe de gerenciamento deve decidir sobre a aplicabilidade de cada um desses processos.

Figura 30

ELEMENTOS-CHAVE DO CONTROLE

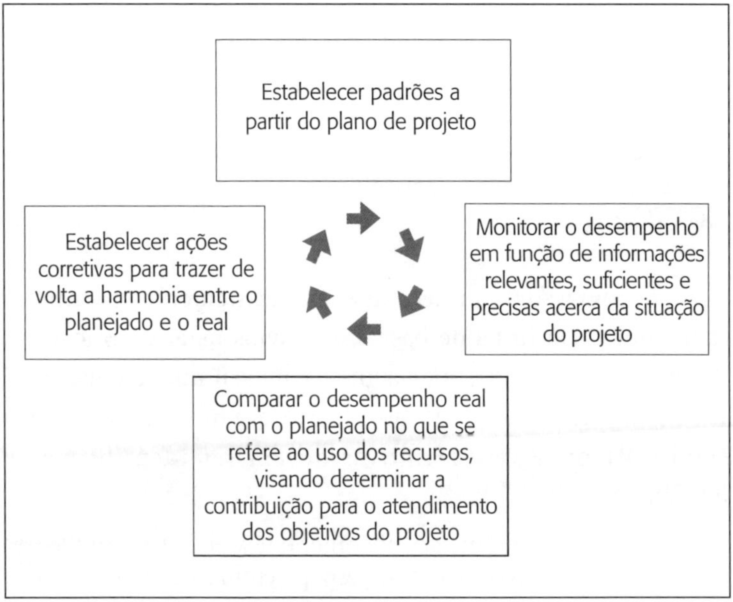

Fonte: Baseado em Cleland (2002).

O quadro 7 apresenta esses processos de monitoramento e controle agrupados pelas áreas de conhecimento em gerenciamento de projetos.

Quadro 7

PROCESSOS DE MONITORAMENTO E CONTROLE X ÁREA DE CONHECIMENTO

Área de conhecimento	Processos de monitoramento e controle
Integração do gerenciamento de projetos	Monitorar e controlar o trabalho do projeto e o controle integrado de mudanças
Gerenciamento do escopo do projeto	Verificar e controlar o escopo
Gerenciamento de tempo do projeto	Controlar o cronograma
Gerenciamento de custo do projeto	Controlar os custos
Gerenciamento da qualidade do projeto	Realizar o controle da qualidade
Gerenciamento das comunicações do projeto	Reportar desempenho
Gerenciamento de riscos do projeto	Monitorar e controlar riscos
Gerenciamento de aquisições do projeto	Administrar as aquisições

Fonte: PMI, 2008.

O progresso do projeto deve frequentemente ser comparado com a sua linha de base. Os desvios mais significativos devem ser comunicados de acordo com seu impacto até o nível hierárquico adequado do projeto e, em caso de desvios significativos, ações corretivas devem ser identificadas e implementadas.

Os contratos com os fornecedores têm que ser administrados, de forma que o progresso do escopo contratado deva ser verificado e conciliado com pagamentos e disposições do contrato.

O gerente de projeto tem que estabelecer um processo para registro e tratamento de problemas do projeto, possivelmente com um banco de problemas em aberto, seu *status* corrente e os responsáveis por sua resolução e escalonamento.

Além disso, conflitos com os membros da equipe ou entre as partes interessadas do projeto têm que ser gerenciados e tratados.

O desempenho passado e o corrente podem ser usados para a elaboração de relatórios de prognóstico do desempenho futuro.

Um sistema que controla de maneira integrada o progresso físico e financeiro do projeto, como no caso dos controles de valor agregado, também pode ser implementado. Baseado nas entregas produzidas, no valor efetivamente gasto e no planejamento daquilo que era suposto gastar a cada tempo, é possível avaliar o desempenho de custos e cronogramas, identificar desvios mais cedo e fazer o prognóstico do orçamento ao término do projeto.

A sistemática de monitoramento e controle normalmente é desenvolvida por meio de cinco fases: mensuração, comunicação das informações, avaliação, comunicação dos desvios e implementação de ações corretivas e de melhoria (figura 31).

Na mensuração são coletadas e tratadas as informações necessárias para a análise. Para tanto, é efetuada a definição do escopo da mensuração (o que medir, quanto medir e quando medir), o levantamento de dados que considera o nível de precisão, o instrumental necessário e a capacitação do pessoal envolvido, e o tratamento de dados, onde as informações coletadas recebem um tratamento que as torne adequadas aos objetivos da mensuração.

Na comunicação das informações é definido o destino dos dados, a frequência com que serão enviados e os mecanismos a serem utilizados para comunicá-los.

Na avaliação, por meio da comparação dos dados obtidos na fase anterior, com padrões previamente definidos, obtemos uma visão das variabilidades com o objetivo de tirar conclusões sobre elas.

Na comunicação dos desvios, estes são informados a quem os originou, para que possam ser tomadas medidas corretivas ou de aperfeiçoamento, devendo ser definidos o destino, a frequência e mecanismos com que serão comunicados.

Figura 31

FASES DO MONITORAMENTO E CONTROLE

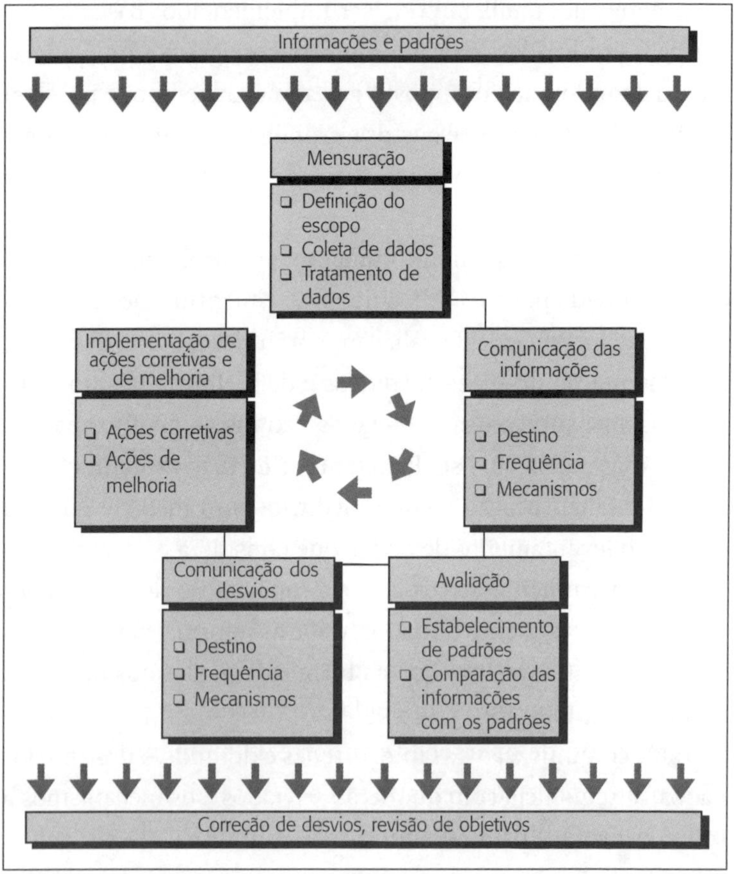

Na implementação de ações corretivas e de melhoria são efetuadas ações que atuam sobre problemas ocasionais ou crônicos dos processos e sobre comportamentos imprevisíveis que conduzem a resultados inesperados, ou que conduzam a novos padrões de desempenho superior aos anteriores.

Diante da complexidade do processo de elaboração do planejamento, monitoramento e controle, os gerentes utilizam ferramentas específicas que possibilitam direcionar o foco para a ação a ser desenvolvida (definir a estrutura analítica do projeto, estimar custos etc.), bem como simplificar, sistematizar e otimizar essas ações.

No capítulo 8 abordaremos algumas dessas ferramentas consideradas fundamentais para a eficiência e eficácia do planejamento, monitoramento e controle.

Encerramento do projeto

Seja porque o projeto atingiu seus resultados, ou porque a empresa decidiu terminá-lo antes da conclusão final, existem demandas de encerramento de projetos que não podem ser negligenciadas, como a conferência se as entregas estão de acordo com as especificações, o reconhecimento de seu aceite final, o encerramento administrativo de contratos com clientes e fornecedores, a organização e o armazenamento da informação relevante gerada nos projetos e a desmobilização ordenada da equipe de projetos e equipamentos.

Nesse momento, é iniciada a transição do projeto para a organização de operações e suporte. O momento de encerramento é ideal para registrar lições aprendidas para que a organização continue num processo de melhoria contínua, reforçando experiências de sucesso e deixando seus processos mais robustos para evitar a repetição de erros cometidos no projeto.

Todas essas técnicas de planejamento, monitoramento e controle permitem o efetivo gerenciamento do projeto, e devem ser utilizadas pelos chamados intervenientes (*stakeholders* ou partes interessadas) do projeto, que são os recursos humanos que efetivamente intervêm no projeto. Uma análise dos intervenientes do projeto será vista no capítulo a seguir.

6

Os intervenientes (stakeholders ou partes interessadas) do projeto

Neste capítulo abordaremos as relações das pessoas com os projetos e a melhor forma de gerenciá-las para que conflitos possam ser evitados e o sucesso possa ser atingido.

Os intervenientes (stakeholders ou partes interessadas) do projeto

Projetos são iniciados, planejados, executados, controlados e encerrados por pessoas, que são o elo fundamental do gerenciamento de projetos. O termo *stake* no mundo corporativo significa participação, interesse ou o financiador de algum empreendimento. As partes interessadas (pessoas ou organizações) são todas as envolvidas no projeto, que possam ser afetadas ou exercer alguma influência, positiva ou negativa, nos seus objetivos e resultados finais. Podemos qualificá-las em três tipos:

- patrocinadores (*sponsor*) — investidores, diretores, superintendentes, clientes (externos e internos);

- participantes — gerente de projeto, equipe de projetos, agências reguladoras, fornecedores, empreiteiros, especialistas etc.;
- externos — ambientalistas, líderes e grupos de comunidades, mídia, familiares dos integrantes do projeto etc.

Uma das mais importantes partes interessadas é naturalmente o próprio gerente de projeto e, para sua atuação eficiente, serão necessários alguns conhecimentos, vistos a seguir.

Conhecimentos necessários ao gerente de projeto

O gerente de projeto precisa de um conjunto básico de conhecimentos para que possa desempenhar as suas funções.

Conjunto de conhecimento em técnicas de gerenciamento de projetos: descreve o conhecimento específico dessa área e que se sobrepõe a outras áreas de gerenciamento.

Conhecimento, normas e regulamentos da área de aplicação: podemos definir como áreas de aplicação diversos segmentos existentes no mercado, como farmácia, óleo e gás, setor automotivo, serviços, comércio, saúde etc. O gerente de projeto necessita ter o conhecimento básico da área onde estará gerenciando o projeto.

Entendimento do ambiente do projeto: geralmente, os projetos são planejados e implementados em um conceito social, econômico e ambiental e têm impactos intencionais e não intencionais positivos e negativos. A equipe deve considerar os projetos nos seguintes contextos:

- ambiente cultural e social — entender como o projeto afeta as pessoas e como as pessoas afetam os projetos, avaliando aspectos econômicos, demográficos, éticos, religiosos, étnicos, educacionais e outros aspectos considerados relevantes no contexto do projeto;

- ambiente internacional e político — familiarização por parte da equipe com leis internacionais, nacionais, religiosas e locais, além do atual contexto político e religioso na localidade de execução do projeto;
- ambiente físico — caso o projeto afete o ambiente físico, é necessário que parte da equipe o conheça bem, identificando a ecologia local e os efeitos que possam afetá-la e também afetar o projeto.

Conhecimento e habilidades de gerenciamento geral: o gerenciamento geral inclui o planejamento, a organização, a formação de pessoal, a execução e o controle de operações de uma empresa existente. Ele é a base para a criação das habilidades de gerenciamento de projetos, incluindo disciplinas de apoio como:

- contabilidade e gerenciamento financeiro;
- compras e aquisições;
- vendas e marketing;
- contratos e legislação comercial;
- fabricação e distribuição;
- logística e cadeia de abastecimento;
- planejamentos estratégico, tático e operacional;
- estruturas organizacionais, comportamento organizacional, administração de pessoal, compensação, benefícios e planos de carreira;
- práticas de saúde e segurança;
- tecnologia da informação.

As habilidades interpessoais necessárias ao gerente de projeto incluem:

- liderança;
- comunicação eficaz;
- influência sobre a organização;
- motivação;

- negociação e gerenciamento de conflitos;
- resolução de problemas.

Um importante fator é a liderança, analisada a seguir.

Estilos de liderança

Drucker (2003:134) diz que "Liderar é dirigir o olhar das pessoas para perspectivas mais elevadas, elevar seu desempenho a padrões mais altos, construir personalidades que superem suas limitações normais".

Dessa forma, uma liderança eficaz não está limitada a uma forma única de ação. No entanto, embora não exista uma fórmula mágica para determinar qual estilo de liderança seja mais eficaz, podemos identificar estilos diferentes de liderança de acordo com o comportamento dos líderes em relação a duas responsabilidades fundamentais: a liderança de pessoas e o desempenho de tarefas. A combinação dessas duas responsabilidades nos leva a quatro estilos diferentes de liderança, como mostra o quadro 8.

Quadro 8

ESTILO DE LIDERANÇA BASEADO EM APOIO

Interesse em pessoas		
	Estilo de liderança baseado em apoio Muito interesse nas pessoas	**Estilo de liderança baseado em orientação** Muito interesse em pessoas e tarefas
	Estilo de liderança baseado em delegação Pouco interesse em pessoas e tarefas	**Estilo de liderança baseado em direção** Muito interesse nas tarefas

Interesse em tarefas

A existência desses conhecimentos leva a um grau crescente de responsabilidade, de acordo com o papel da parte interessada no projeto.

Nível de responsabilidade dos intervenientes (stakeholders ou partes interessadas)

Os intervenientes possuem diversos níveis de autoridade e de responsabilidade quando compõem a equipe de um projeto e estes níveis podem se alterar durante a linha do tempo de um projeto. De acordo com a figura 32, sua responsabilidade e autoridade variam desde contribuições eventuais em estudos até o patrocínio total do projeto, que inclui o fornecimento de apoio financeiro e político.

Figura 32

NÍVEL DE RESPONSABILIDADE

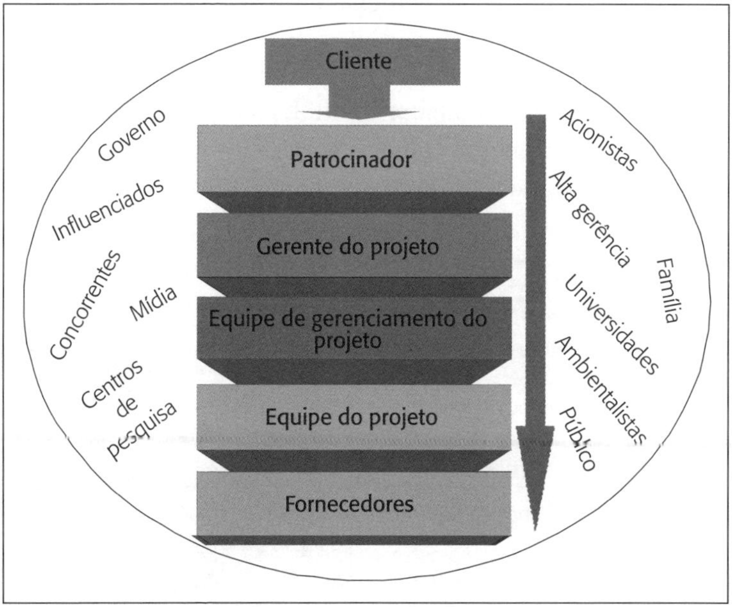

As partes interessadas que ignoram essa responsabilidade podem ter um impacto prejudicial nos objetivos do projeto. Da mesma forma, os gerentes de projetos que ignoram as partes interessadas podem esperar um impacto prejudicial nos resultados do projeto. Dessa forma, essa relação deve ser gerenciada.

Gerenciando os intervenientes (stakeholders ou partes interessadas)

O processo de gerenciamento dos intervenientes (*stakeholders* ou partes interessadas) é um passo importante na estratégia do gerenciamento de projetos. Cabe ao gerente de projeto levantar o exato perfil de cada envolvido e identificar a forma mais efetiva para interfacear com as partes interessadas e gerar os resultados esperados para o projeto. O processo de gerenciamento das partes interessadas é dividido em duas fases: identificação e análise.

Identificação dos intervenientes (stakeholders ou partes interessadas)

A identificação da parte interessada é prioritária no processo de gerenciamento (quadro 9).

Quadro 9

COMO IDENTIFICAR OS INTERVENIENTES (*STAKEHOLDERS* OU PARTES INTERESSADAS)

Categoria	Designação	Intervenientes
Entrega de resultados	Responsáveis pela entrega dos produtos do projeto	Equipe do projeto e alguns subcontratados
Uso de produtos	Usuários diretos ou indiretos dos resultados do projeto	Usuários internos ou clientes
Autoridade financeira	Aprovam a liberação de fundos ou provisão de recursos	Executivos, patrocinadores do projeto, gerentes de negócios, financiadores, investidores e acionistas
Contribuintes	Fornecem insumos e serviços para o projeto	Grupos de serviço, fornecedores e subcontratados

continua

Categoria	Designação	Intervenientes
Suporte a produtos	Asseguram que os produtos estejam disponíveis para uso	Grupos de suporte técnico
Análise/auditoria	Asseguram que os processos apropriados sejam seguidos e a qualidade dos produtos gerados cumpra os padrões adequados	Grupos de revisão técnica, grupos de qualidade, grupos de consumidores, auditores, agências reguladoras e agências ambientais
Afetados pelos resultados	Afetados pelos produtos ou resultados do projeto	Público, imprensa, sindicato, concorrentes, organizações de negociação
Projetos relacionados	Podem afetar a capacidade de o projeto alcançar seus objetivos	Outros gerentes de projetos, outras equipes de projeto (internos e/ou externos)

Análise dos intervenientes (stakeholders ou partes interessadas)

Depois da identificação das partes interessadas, o próximo passo é a sua análise, que pode ser realizada por meio das seguintes ações:

- comprometimento necessário — necessidade de ações, crença ou *buy-in*, entendimento e conscientização;
- suporte do interveniente (*stakeholder* ou parte interessada) — contrato (apoiador ou opositor) e confiança (confiante ou não);
- prioridades do interveniente (*stakeholder* ou parte interessada) — foco em custo, prazo, qualidade do produto, interesses no projeto e critérios de sucesso;
- previsão de comportamento — volatilidade, reação a eventos futuros, impacto potencial do comportamento futuro;

- poder do interveniente (*stakeholder* ou parte interessada) — posicional ou pessoal, forças, fraquezas e alianças, impacto nos objetivos do projeto;
- influência do interveniente (*stakeholder* ou parte interessada) — tomador de decisão, facilitadores (*gatekeepers*), formadores de opinião.

Após a identificação e análise dos interessados, uma técnica bastante útil é o desenvolvimento da matriz de interesses, que pode ser verificada a seguir.

A matriz de interesses dos intervenientes (stakeholders ou partes interessadas)

A matriz de interesses mapeia o grau de influência e de interesse de cada um no projeto. A matriz sustentará o plano de abordagem para cada pessoa ou entidade relacionada ao projeto (figura 33).

Para o desenvolvimento da matriz, os passos a seguir devem ser percorridos.

1. Listar os intervenientes do projeto.
2. Identificar os critérios para expectativas e influências.
3. Dar peso a cada critério, tanto de expectativa quanto de influência.
4. Atribuir percentual para cada conjunto de pesos (expectativas e influência).
5. Atribuir nota (de 1 a 3) para cada intersecção de parte interessada e critério de expectativa e influência.
6. Multiplicar a nota pelo peso e gerar somatório com valor final abaixo da coluna com percentual de expectativa e influência.
7. Calcular a média ponderada com os somatórios de expectativa e influência atualizando a coluna resultado.
8. Listar as expectativas e ações estratégicas para cada interveniente.

Figura 33

MATRIZ DE INTERESSE DOS INTERVENIENTES (*STAKEHOLDERS* OU PARTES INTERESSADAS)

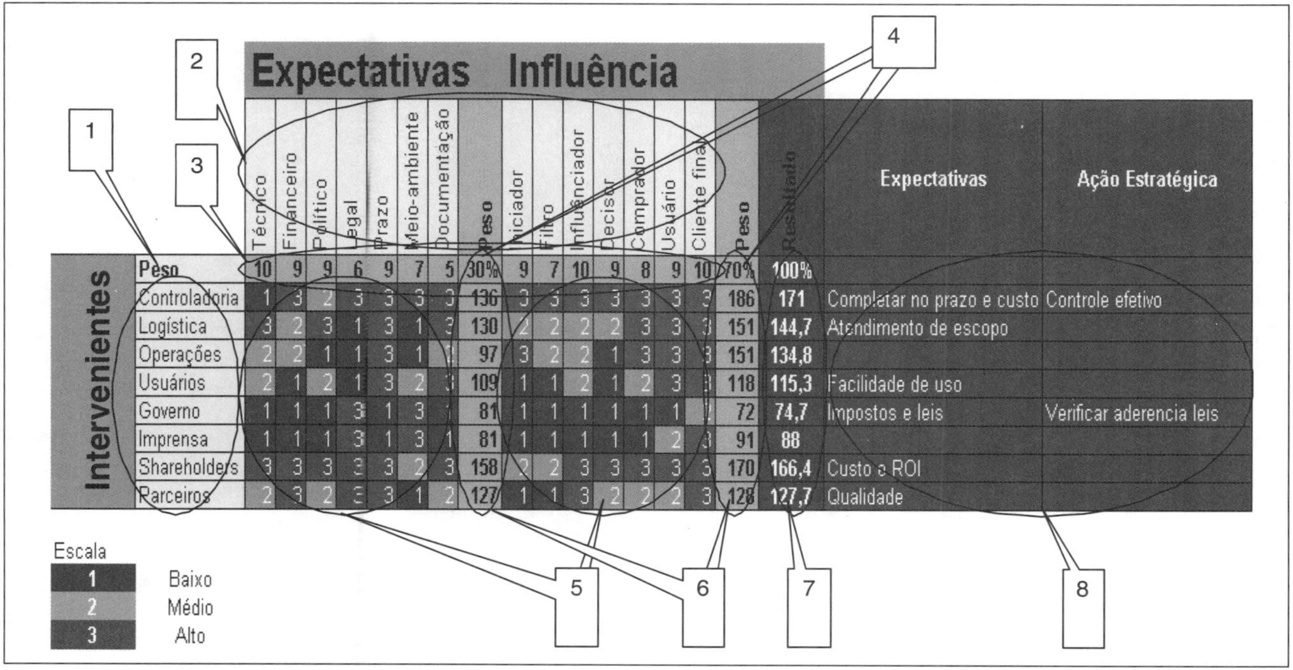

Intervenientes	Expectativas: Técnico	Financeiro	Político	Legal	Prazo	Meio-ambiente	Documentação	Peso	Influência: Iniciador	Filtro	Influênciador	Decisor	Comprador	Usuário	Cliente final	Peso	Resultado	Expectativas	Ação Estratégica
Peso	10	9	9	6	9	7	5	30%	9	7	10	9	8	9	10	70%	100%		
Controladoria	1	3	2	3	3	3	3	136	3	3	3	3	3	3	3	186	171	Completar no prazo e custo	Controle efetivo
Logística	3	2	3	1	3	1	3	130	2	2	2	2	3	3	3	151	144,7	Atendimento de escopo	
Operações	2	2	1	1	3	1	2	97	3	2	2	1	3	3	3	151	134,8		
Usuários	2	1	2	1	3	2	3	109	1	1	2	1	2	3	3	118	115,3	Facilidade de uso	
Governo	1	1	1	3	1	3	1	81	1	1	1	1	1	1	2	72	74,7	Impostos e leis	Verificar aderencia leis
Imprensa	1	1	1	3	1	3	1	81	1	1	1	1	1	2	3	91	88		
Shareholders	3	3	3	3	3	2	3	158	2	2	3	3	3	3	3	170	166,4	Custo e ROI	
Parceiros	2	3	2	3	3	1	2	127	1	1	3	2	2	2	3	128	127,7	Qualidade	

Escala

1	Baixo
2	Médio
3	Alto

Conforme pode ser visualizado na matriz de interesses, os projetos são realizados por pessoas com diferentes tipos de perfis, e naturalmente conflitos poderão ocorrer entre os membros.

Conflitos

O gerente de projeto além de ter a responsabilidade de não deixar que os conflitos impactem no desempenho do projeto, pode ainda transformar esses conflitos em força impulsora. O gerente de projeto, por meio da experiência adquirida ao longo do tempo, já no início de um empreendimento pode identificar possíveis pontos de conflitos no projeto. Após a identificação deve ser traçada uma estratégia para o tratamento proativo. A seguir, um exemplo de plano sumário para a resolução de conflitos.

1. Reconhecer o conflito.
2. Estabelecer e acordar regras do processo.
3. Estabelecer e acordar metas básicas compartilhadas.
4. Separar os problemas das pessoas.
5. Juntar e compartilhar as informações coletadas sobre o conflito.
6. Explorar soluções, listando o máximo de alternativas possíveis.
7. Avaliar as soluções, procurando uma solução onde todos são beneficiados.
8. Selecionar a melhor solução.
9. Compartilhar a solução com os demais constituintes do projeto.

A cada vez que o impasse for resolvido, as seguintes informações devem ser registradas: questões em disputa (*issues*), data e local da(s) reunião(ões); participantes, resultados da(s) reunião(ões).

Os intervenientes (*stakeholders* ou partes interessadas) são o fator principal em qualquer tipo de empreendimento. São eles que requisitam, planejam, controlam, executam, realizam as entregas, avaliam e homologam as entregas, e uma parte interessada em especial gerencia tudo isso: o gerente de projeto. A ele cabe fazer a integração e manter a harmonia entre todos os constituintes envolvidos no projeto, sempre com foco nos objetivos e com o desempenho efetivo (eficiente e eficaz). Não é uma tarefa fácil para o gerente de projeto, pois cada parte envolvida tem necessidades e perfis diferentes, padrões culturais, religiosos e éticos diferentes, porém devem trabalhar em sinergia. O gerente de projeto utiliza 90% do seu tempo em comunicações com a equipe, clientes, fornecedores, parceiros e para isso deve ter habilidades específicas e, principalmente, gostar de trabalhar em equipe.

Composição das equipes de projeto

Mas o gerente de projeto não trabalha sozinho, e a montagem de uma equipe de apoio é um dos mais importantes elementos de sucesso dos projetos, já que o trabalho em equipe apresenta diversas vantagens em relação ao esforço individual, entre elas:

- criatividade na solução de problemas, por meio do enfoque multidisciplinar;
- especialização e divisão do trabalho, promovendo economias de escala e aprendizagem e minimizando os custos do projeto;
- comprometimento da equipe com o sucesso do projeto, já que este implica o sucesso pessoal de cada um deles.

Existem cinco fases para a composição da equipe do projeto:

- formação — nessa fase, os membros da equipe podem não ter papéis claros e possivelmente não se conhecem bem (ou mesmo são desconhecidos entre si), causando um baixo nível de confiança. Nesse estágio o líder deve exercer sua autoridade formal para orientar a equipe;

- conflito — nessa fase, os membros da equipe podem desafiar a autoridade do líder, já que a existência do grupo tende a limitar a sua expressão individual. São comuns nessa fase as lutas de poder, determinando as relações e hierarquia final do grupo;
- normas — nessa fase as regras de conduta ou normas determinam papéis e responsabilidades, criando um sentimento de trabalho de grupo e coesão;
- desempenho — o grupo se transforma em equipe, onde cada um dos membros se dedica a uma tarefa específica, buscando alcançar os objetivos do projeto;
- encerramento — essa fase é alcançada quando o projeto é encerrado, causando a dissolução do grupo. O líder deve fazer um balanço da experiência, debater lições aprendidas, aprender com os erros e se preparar para o próximo projeto.

O relacionamento das pessoas com os projetos foi o tema deste capítulo. Abordamos também a melhor forma de gerenciá-las para que conflitos possam ser evitados e o projeto seja bem-sucedido. A seguir, estudaremos como as funções das pessoas são estruturadas nas organizações e como isso pode afetar os projetos.

7

Estruturas organizacionais e escritórios de projetos

Neste capítulo iremos abordar a forma como as organizações se estruturam e o impacto dessas estruturas nos projetos corporativos, identificando vantagens e desvantagens de cada estrutura citada. Também serão apresentados os requisitos para definição da estrutura organizacional e a sua interação com as organizações e seus projetos.

O que são estruturas organizacionais?

Para cumprir a sua função, as empresas necessitam de um sistema de funcionamento organizado, para que a tarefa empresarial seja realizada de maneira eficiente e eficaz. Assim, é necessária a definição de uma configuração organizacional que expresse a estrutura (espelha os órgãos que as formam, bem como o seu relacionamento).

A configuração organizacional é elemento fundamental para o alcance dos objetivos empresariais. Ela possibilita:

- a diferenciação e estruturação das atividades, por meio do seu agrupamento, por afinidade, em órgãos (diretorias, departamentos, divisões...) que espelham a forma considerada pela empresa como a mais viável para cumprir sua tarefa empresarial, diferenciados em importância e autonomia por meio do seu posicionamento em níveis hierárquicos;

- mecanismos de autoridade e decisão, ao tornar clara a responsabilidade e autoridade sobre quem deve fazer o quê, quem deve se reportar a quem, e quem tem poder para tomar certas decisões.

Segundo Sbragia (1980:148), "estrutura organizacional, como um aspecto inerente ao esforço gerencial, trata do arranjo estrutural da organização intencionando projetar um complexo conjunto de inter-relações que permita a realização efetiva do trabalho".

De maneira mais direta, estrutura organizacional é a forma como as empresas se organizam e agrupam recursos humanos e materiais para atingir suas metas e objetivos.

Requisitos para definição da estrutura organizacional

Para a definição da estrutura organizacional devem ser considerados: a divisão do trabalho, o agrupamento de tarefas comuns, o grau de centralização, a cadeia de autoridade, a amplitude do controle e o grau de formalização.

Divisão do trabalho

Para a definição das unidades organizacionais deve ser levada em consideração a especialização do trabalho. Assim, os cargos devem ser divididos de acordo com ela.

A especialização apresenta normalmente como vantagens o incremento da qualidade de trabalho e da eficiência dos funcionários, além de diminuir os custos de operacionalização das tarefas. Contudo, uma especialização excessiva pode reduzir a visão de conjunto dos funcionários e aumentar a dependência entre as unidades organizacionais.

Agrupamento de tarefas comuns

As tarefas comuns precisam ser gerenciadas em conjunto, de forma a otimizar a utilização de recursos e o desempenho organizacional.

Para o agrupamento das tarefas devemos levar em consideração algum critério específico de homogeneidade, tal como as funções a serem executadas, os produtos, ou o processo de produção.

Grau de centralização

O grau de centralização exprime o quanto a autoridade se concentra nos níveis mais altos da empresa. Assim, quanto mais descentralizada for a empresa, mais próximo dos níveis operacionais as decisões são tomadas.

Cadeia de autoridade

A cadeia de autoridade refere-se à rede de relacionamento que se estende de cima para baixo, fazendo com que as unidades de cada nível se reportem a unidades dos níveis superiores. Cada unidade possui autoridade suficiente para cumprir satisfatoriamente com suas responsabilidades, contudo, conforme se sobe nos níveis de hierarquia, parte dessa autoridade é delegada aos subordinados para que possam realizar as suas obrigações.

A autoridade pode ser classificada como:

- hierárquica — que confere autoridade para comandar as unidades subordinadas e tomar decisões sobre assuntos que estejam sob a sua alçada;
- setorial — que delega capacidade para comandar e tomar decisões sobre assuntos especializados dentro de uma abrangência condizente com eles;

- assessoria — é a que confere a menor capacidade de comando e tomada de decisão. Pode ser entendida como uma relação de aconselhamento e recomendação.

Grau de formalização

O grau de formalização não é uniforme, variando conforme as características das atividades desenvolvidas. Consiste na definição do modo como a empresa deve operar. Isso é feito por meio de mecanismos que formalizam o comportamento de seus integrantes. Esses mecanismos são normalmente expressos sob a forma de manuais, englobando instruções, rotinas de serviço, definição de responsabilidades, ou qualquer outro meio que regule o comportamento dos indivíduos. Os principais são:

- descrição de cargos — contendo um conjunto de atribuições formado pela especificação dos deveres e responsabilidades funcionais dos ocupantes do cargo;
- normas de serviço — conjunto de documentos que balizam e uniformizam o modo como as atividades são realizadas, por meio da prescrição de condições para sua execução, sendo formadas por instruções e rotinas de serviço;
- normas reguladoras — são as formuladas por órgãos externos à empresa, reguladores de atividades similares às realizadas por esta;
- regras e regulamentos — visam a disciplinar o fluxo de trabalho, onde os mecanismos anteriores não se fazem presentes ou, até mesmo, substituí-los temporariamente em situações especiais.

Estruturas organizacionais mais utilizadas

Conforme as empresas dispõem seus recursos, visando a cumprir as metas assumidas, podemos caracterizar sua estrutura como mecanicista ou orgânica.

A estrutura mecanicista salienta o controle vertical e a comunicação, focando na hierarquia e em tarefas bem definidas. A tomada de decisões é centralizada e os componentes da organização são submetidos a grande volume de normas e regulamentos. Essas são as estruturas mais adotadas e conhecidas como estruturas tradicionais. Em relação a projetos gera forte impacto nas comunicações e dificulta a interação entre intervenientes.

Na estrutura orgânica existe maior comunicação horizontal com redefinições frequentes de tarefas. A tomada de decisões é descentralizada e participativa e os regulamentos menos rigorosos. Por suas características, tendem a ser mais apropriadas para projetos. As diferenças entre as organizações mecanicistas e orgânicas podem ser visualizadas na figura 34.

Figura 34

DIFERENÇAS ENTRE ORGANIZAÇÕES MECANICISTAS E ORGÂNICAS

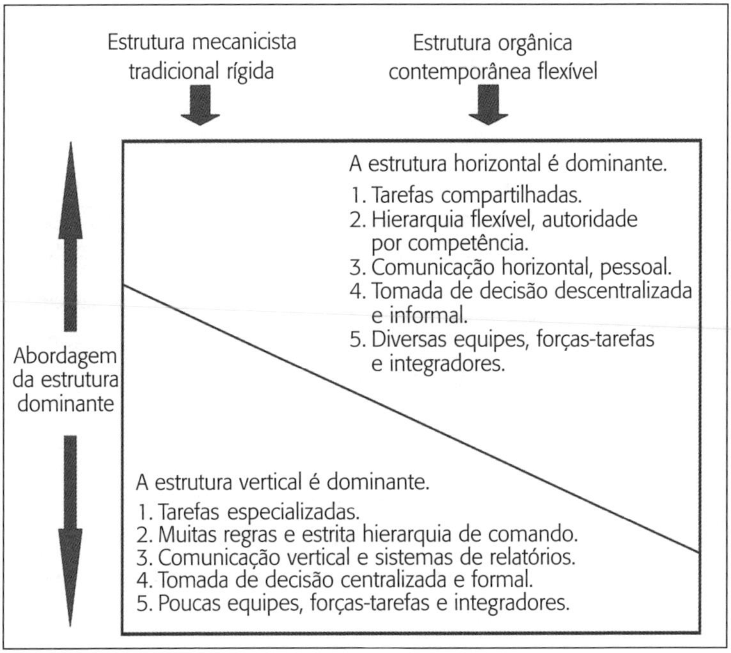

Fonte: Daft, 1999:218.

Existem basicamente três formas que podem ser utilizadas para a divisão do trabalho:

- a horizontal, onde a estrutura cresce horizontalmente por meio da departamentalização;
- a vertical, onde a estrutura cresce verticalmente por meio do aumento dos níveis hierárquicos;
- as atividades especiais, onde são criadas assessorias que auxiliem a reduzir a sobrecarga de trabalho imposta a certos níveis pela hierarquia.

Estrutura funcional ou linear

É a mais antiga e ainda a mais utilizada em nossos tempos. Nessa estrutura as atividades são agrupadas de acordo com as áreas específicas de atuação que as caracterizam, de modo que cada unidade da empresa contenha um conjunto de responsabilidades específicas não encontradas nas demais.

Essa estrutura tem formato piramidal com níveis de subordinação em camadas horizontais distintas. As atividades de trabalho são designadas funcionalmente por disciplinas e especialidades. Aqui, a burocracia tende a ser mais enfática devido às relações de autoridade serem fixas e os círculos de competência bem definidos. Esse arranjo organizacional favorece a disciplina e é mais indicado para empresas que necessitem de controle centralizado. Em relação a projetos multidisciplinares essa estrutura é inadequada, pois eles necessitam de integração horizontal e nessa estrutura o fluxo de informações é predominantemente vertical, dificultando assim um gerenciamento mais efetivo das atividades de projetos. Logicamente, é possível gerenciar projetos em organizações funcionais, só que com um nível maior de esforço.

Características da estrutura:

- forma piramidal — como as decisões e a autoridade estão centralizadas em um nível hierárquico superior e o número de cargos diminui conforme a hierarquia aumenta, esse tipo de estrutura apresenta a forma de pirâmide;
- linhas formais de comunicação — as comunicações, tanto para cima quanto para baixo, entre pessoas ou órgãos, seguem as linhas formalizadas no organograma, ficando limitadas às relações formais nele expressas;
- autoridade linear — em decorrência do princípio da unidade de comando, esse tipo de estrutura apresenta a característica da autoridade baseada na hierarquia, na qual cada subordinado tem apenas um superior e somente a ele se reporta;
- centralização das decisões — o poder de decisão está no topo da hierarquia, sendo distribuído para a organização por meio dos canais formais de comunicação.

A figura 35 apresenta uma estrutura funcional formada por três níveis.

Figura 35

Estrutura funcional

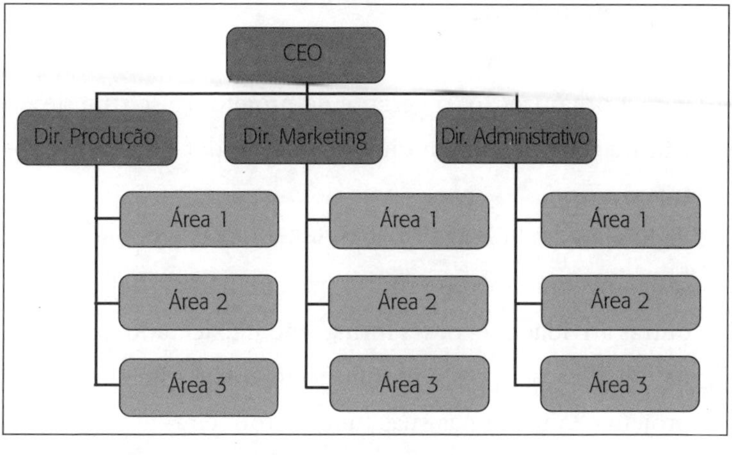

Estrutura por projeto ou força-tarefa

Uma estrutura orientada a projetos tem como principal característica o seu caráter temporário. Nesse tipo de estrutura os membros da equipe são alocados juntos e os gerentes de projeto têm grande interdependência e autoridade. Um grupo de pessoas é reunido para uma empreitada e ao final o grupo é desfeito, realocado para outro projeto ou retorna para a sua área funcional. O responsável pela área é, geralmente, muito experiente e tem a visão de todo o negócio da organização. Essa estrutura é muito utilizada por empresas do segmento de consultoria e tem como principais características:

- foco nas boas práticas de gerenciamento de projetos — alta especialização em técnicas de gestão de projetos;
- grande *turn-over* — estrutura de pessoal elástica, dependendo do tamanho e da complexidade do projeto. Geralmente, tem um núcleo fixo e, de acordo com o projeto, pessoas são agregadas e dispensadas durante o empreendimento;
- poder para o gerente de projeto — como o projeto é foco para a organização, o gerente de projeto nesse tipo de estrutura tem, costumeiramente, mais poder que em outros tipos;
- dedicação exclusiva — a equipe dedicada ao projeto tem somente como foco o próprio projeto, não participando de outras atividades e, dessa forma, não impactando o dia a dia da organização, pois o mesmo recurso não está alocado no projeto e também nas suas funções rotineiras.

A figura 36 apresenta uma estrutura por projetos típica.

Figura 36

ESTRUTURA POR PROJETOS

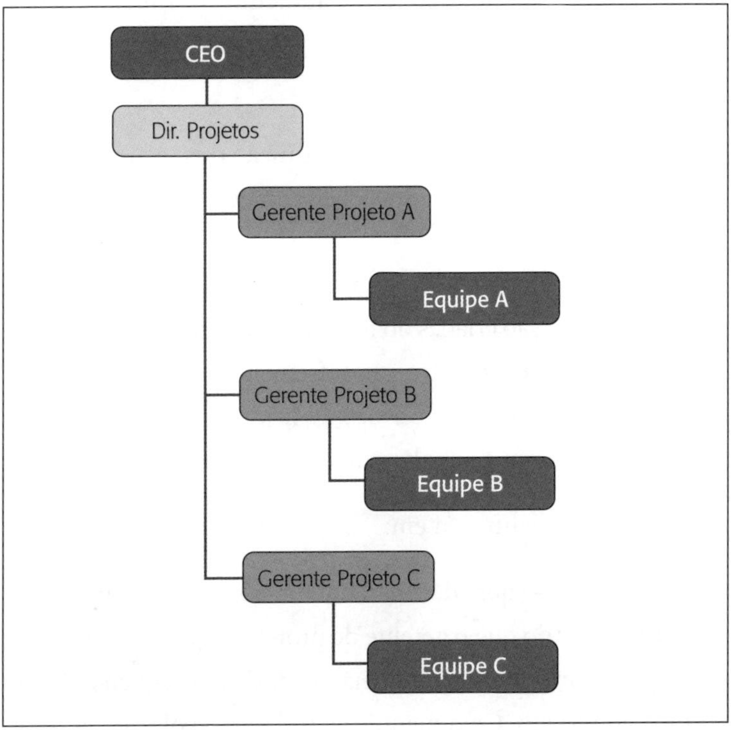

Estrutura matricial

Combina a departamentalização funcional com a por projeto, em situações onde são fundamentais tanto a especialização quanto a coordenação. Assim, as gerências de projeto ou produto requisitam das gerências funcionais os profissionais mais adequados para lidar com a empresa ou produto em questão, formando uma equipe de especialistas. Contudo, as atribuições desses profissionais também são supervisionadas pelos gerentes funcionais, ocasionando uma dupla subordinação.

Essa é a estrutura mais flexível de todas. Podemos ter uma estrutura matricial funcional, por projetos e matricial equilibrada. É a estrutura que vem sendo mais largamente adotada contemporaneamente, diante do aumento, nas organizações, da maturidade em projetos e na própria flexibilidade da estrutura. Suas características são:

- possibilidade de conflitos — em função dos recursos envolvidos no projeto terem dois chefes, o gerente de projeto e o gerente funcional;
- quebra do paradigma da cultura funcional — geralmente as organizações são criadas no modelo funcional ou linear e para migrarem para essa estrutura sofrem alto impacto cultural;
- aumento no nível de decisões — nesse tipo de estrutura as decisões passam a envolver diversos setores da organização.

Pode ser qualificada em:

- matriz fraca — quando o gerente funcional exerce uma influência maior do que o gerente de projeto. Aqui, o orçamento e o cronograma têm importância maior do que a qualidade técnica do projeto. Geralmente, é a primeira evolução da estrutura funcional ou linear em organizações com forte resistência a mudanças. Dessa forma, o gerente de projeto assume ou o papel de expeditor de projetos, no qual não exerce poder algum de decisão e somente reporta desempenho ao gerente funcional, ou assume o papel de coordenador de projetos, no qual tem pouco poder de decisão e autoridade e pode se reportar a um nível mais alto no comando da organização;
- matriz forte — quando o gerente de projeto tem maior poder e autoridade do que o gerente funcional. Geralmente

utilizada para empresas do segmento de consultoria, sua adoção em uma organização de estrutura funcional, mesmo que temporariamente, pode causar impacto nas operações do dia a dia (rotina);

- matriz balanceada — é a melhor forma a ser adotada em relação a projetos. Aqui o poder e a autoridade são divididos igualmente entre o gerente funcional e o gerente de projeto, havendo assim integração e sinergia entre a inovação e a rotina, gerando benefício para a organização como um todo.

Na figura 37 podemos observar uma característica importante desse tipo de estrutura, que é a dupla subordinação dos funcionários.

Figura 37
ESTRUTURA MATRICIAL

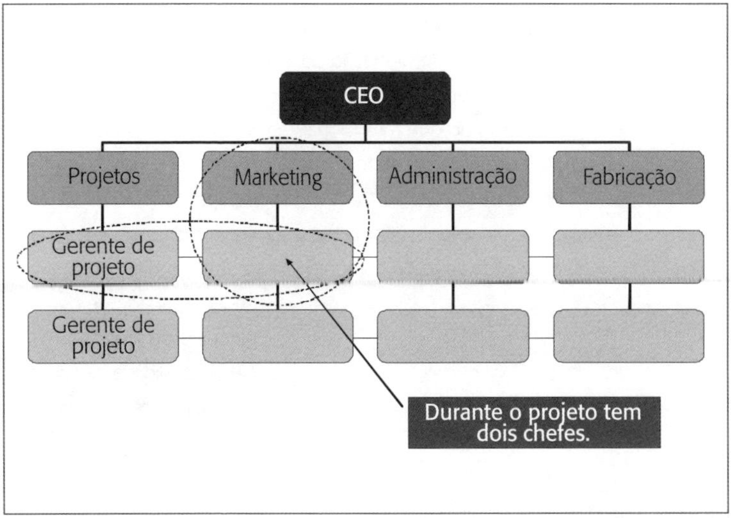

No quadro 10 são apresentadas as principais vantagens e desvantagens das estruturas analisadas.

Quadro 10

Vantagens e desvantagens da estrutura funcional, por projetos e matricial

Estrutura	Vantagens	Desvantagens
Funcional	❑ Simplicidade ❑ Facilidade de implementação ❑ Estabilidade ❑ Clareza de responsabilidades	❑ Inflexibilidade ❑ Rigidez ❑ Ênfase na hierarquia ❑ Ausência de especialização
Por projeto	❑ Orientada a projetos ❑ Foco na equipe ❑ Baixa influência externa ❑ Maior facilidade na comunicação entre a equipe	❑ *Turn-over* ❑ Natureza temporária ❑ Perto do final do projeto as pessoas querem se realocar ❑ Dificuldade de manter pessoal muito experiente, pois preferem posições mais estáveis
Matricial	❑ Forte controle do gerente de projeto sobre os recursos ❑ Mais fácil implementação do que a projetizada e mais eficiência do que a funcional ❑ Melhor utilização de recursos escassos ❑ Disseminação de informações no sentido vertical e horizontal	❑ Maior custo na administração de pessoal ❑ Os membros das equipes de projetos têm dois chefes ❑ Maior complexidade para monitorar e controlar a equipe ❑ Gerentes funcionais podem ter diferentes prioridades do que os gerentes de projeto ❑ Alta possibilidade de conflito e de duplicação de esforços

Outras formas de estruturas

No mundo moderno foram criadas algumas variações diante da disponibilidade tecnológica, da diversidade cultural das equipes e das necessidades crescentes de projetos. Podemos citar como exemplo o modelo celular, que tem como característica o autogerenciamento e a participação de membros em mais de uma célula; o modelo virtual, por exemplo na área de software, com a especificação de requisitos no Brasil e a geração de código na Índia; o modelo em rede, que tem como foco a desagregação das funções da organização transferindo-as para outras organizações sob a coordenação de um ponto central; e o modelo divisional, onde "atividades díspares mas vinculadas a um objetivo final específico são agrupadas em uma mesma unidade organizacional" (Cury, 1988:189), que, de forma descentralizada, passa a atuar como se fosse uma organização diferente.

Em nosso país, assim como no mundo, a estrutura mais utilizada ainda é a velha e tradicional estrutura funcional, porém parte significativa das organizações já ensaia uma migração gradativa para estruturas mais adequadas às atuais necessidades mercadológicas, principalmente as organizações que demonstram um aumento no nível de maturidade em relação aos processos de gerenciamento de projetos. Como evolução natural dessas organizações, o primeiro passo é dado para a estrutura matricial fraca, o segundo na direção da estrutura matricial balanceada e por último para o modelo por projetos. O *Relatório do estudo de benchmarking em gerenciamento de projetos no Brasil*, realizado em 2009 pela seção regional do PMI do Rio de Janeiro, avaliou 300 importantes organizações no Brasil e mostra essa tendência em grandes e médias organizações.

Nesta pesquisa só foram avaliadas médias e grandes organizações, e em nosso país a grande massa de pequenas e médias empresas ainda se organiza de forma funcional tradicional.

Figura 39

Distribuição das estruturas funcionais no estudo de *benchmarking* GP 2008 Brasil

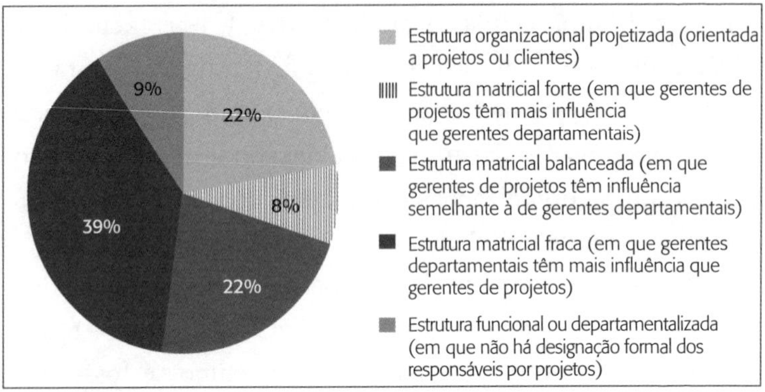

Fonte: PMI/RJ, 2008.

Fatores que influenciam a definição da estrutura

As estruturas organizacionais são fortemente influenciadas pela estratégia, pela tecnologia e pelo ambiente organizacional. São principalmente esses fatores que determinarão se uma organização será mecanicista ou orgânica.

Estratégia: segundo Fiedler (1987:6), as dimensões estratégicas que influenciam a definição da estratégia e a estrutura organizacional são: inovação, minimização de custo e imitação. Assim, se a organização opta por uma estratégia de inovação, estruturas orgânicas serão mais adequadas, enquanto se a opção for a minimização de custo, as estruturas mecanicistas terão maior probabilidade de sucesso. Caso a opção seja por uma estratégia de imitação, o mais adequado é o uso de estruturas que combinem as características das mecanicistas e orgânicas.

Tecnologia: a tecnologia define se as atividades serão rotineiras ou não. Normalmente as tarefas rotineiras demandam estruturas mais departamentalizadas, formalizadas e centralizadas, caracterizando uma abordagem mecanicista, enquanto as tarefas não rotineiras são repletas de variações e personalizações, caracterizando uma abordagem orgânica.

Ambiente organizacional: a definição da estrutura é fortemente influenciada pela estabilidade do ambiente. Em ambientes estáticos e previsíveis existem menos incertezas do que nos ambientes dinâmicos, o que possibilita a utilização de estruturas baseadas em funções e processos permanentes. Ambientes dinâmicos demandam estruturas que possibilitem uma percepção e reação rápidas. Assim, quanto mais dinâmico for o ambiente, mais orgânica deve ser a estrutura, e quanto mais estável for o ambiente, mais mecanicista deve ser.

O escritório de projetos (PMO)

De acordo com o *PMBOK* (PMI, 2008), um escritório de projetos (PMO) é um corpo ou entidade organizacional à qual são atribuídas várias responsabilidades relacionadas ao gerenciamento centralizado e coordenado dos *projetos* sob seu domínio. As responsabilidades de um PMO podem variar desde o fornecimento de funções de suporte ao gerenciamento de projetos até o gerenciamento direto de um projeto.

Outros nomes utilizados para essa estrutura são "escritório de gerenciamento de programas", "escritório de gerenciamento de projetos" ou "escritório de programas". A principal função do escritório de projetos é supervisionar o gerenciamento de projetos e programas, se concentrando no seu planejamento, priorização e execução.

As principais tarefas realizadas pelo escritório de projetos são o fornecimento de treinamento, software, padrões e procedimentos, e em alguns casos chega-se ao gerenciamento direto e à responsabilidade da execução dos objetivos dos projetos. Pode também selecionar e realocar os recursos humanos do projeto.

Segundo Carneiro (2006), o escritório de projetos é o ponto central que permite uma gestão do portfólio dos projetos de uma empresa (se estratégico) ou de um setor (se departamental). Suas principais funções são:

- funções de controle, auditoria e revisão dos projetos e seus produtos e entregas;
- funções de treinamento, mentor e suporte aos gerentes de projetos, cujo foco é o desenvolvimento da capacidade de gestão da equipe;
- funções de estruturação de ambiente de projetos por meio de processos, metodologia e software de gestão de projetos e de portfólio e ambiente colaborativo;
- funções de análise e métricas de resultados em projetos, por meio de cruzamento de informações históricas, análise de indicadores e de resultados, e ajuda na priorização e seleção de projetos, alinhados ao planejamento estratégico e outras decisões gerenciais;
- funções de gestão de recursos humanos de projetos, para controle de produtividade, desempenho e compartilhamento de recursos pelos projetos e desenvolvimento de planos de desenvolvimento.

De acordo com o *Estudo de benchmarking em gerenciamento de projetos* (2009), a implementação de escritórios de projeto (PMO) consolida-se como uma importante tendência de mercado. A maioria das empresas pesquisadas implementou ou pretende implementar um escritório de projeto. As tabelas 8, 9, 10 e 11 nos trazem importantes informações a respeito dos escritórios de projetos.

Tabela 8

INTENÇÃO DE IMPLANTAR UM ESCRITÓRIO DE PROJETOS

Iniciativa	Resultado (%)
Não pretendemos ter PMOs ou novos PMOs	44
Estamos exatamente durante o processo de implantação	281
Pretendemos implementar um PMO nos próximos 12 meses	13
Pretendemos implementar um PMO nos próximos 24 meses	15

Tabela 9

QUANTIDADE DE ESCRITÓRIOS DE PROJETOS NA ORGANIZAÇÃO

Quantidade	Resultado (%)
Nenhum	38
Um	43
Dois	7
Três	4
Quatro	2
Cinco	1
Mais de cinco	5

Tabela 10

QUANTIDADE DE PROFISSIONAIS QUE ATUAM NOS ESCRITÓRIOS DE PROJETOS

Quantidade	Resultado (%)
Um ou dois	36
Três ou quatro	32
Cinco ou seis	17
Sete ou mais	15

Figura 39
FUNÇÕES DESEMPENHADAS PELO PMO (%)

Neste capítulo, vimos como as organizações se estruturam para que os objetivos empresariais sejam atingidos e para aumentar a eficácia dos processos empresariais, principalmente os de planejamento, monitoramento e controle.

Em face da complexidade do processo de elaboração do planejamento, monitoramento e controle, os gerentes utilizam ferramentas específicas que possibilitam direcionar o foco para a ação a ser desenvolvida (definir a estrutura analítica do projeto, estimar custos etc.), bem como simplificar, sistematizar e otimizar essas ações.

No capítulo 8, abordaremos algumas dessas ferramentas consideradas fundamentais para a eficiência e eficácia do planejamento, monitoramento e controle.

Tabela 11

NÍVEL DE REPORTAÇÃO DO ESCRITÓRIO DE PROJETOS ESTRATÉGICO

Nível	Resultado (%)
À presidência	33
À vice-presidência	7
À diretoria colegiada	11
À diretoria	33
À gerência	10
A outros	6

8

Ferramentas de planejamento, monitoramento e controle

Neste capítulo apresentaremos o conceito de ferramenta e sua importância para o gerenciamento de projetos. Também discutiremos a importância das principais ferramentas utilizadas nos processos de planejamento, monitoramento e controle e os benefícios proporcionados por elas.

A necessidade de ferramentas

A complexidade das ações de gerenciamento demandou, ao longo dos anos, a criação e aperfeiçoamento de ferramentas de planejamento, monitoramento e controle, que aumentassem a eficiência e eficácia dos processos de coleta, entrada, tratamento, visualização e análise de dados, bem como os de tomada de decisão.

Ferramenta pode ser entendida como "Alguma coisa tangível, como um modelo ou um programa de software, usada na realização de uma atividade para produzir um produto ou resultado" (PMI, 2008:431).

As ferramentas, ao aumentarem a precisão das informações, conduzem a ganhos de produtividade e de racionalidade das decisões. Também ampliam a clareza dos critérios, a objetividade das avaliações, a visibilidade dos dados e a percepção dos efeitos das ações a serem desenvolvidas.

A informatização das ferramentas de planejamento, monitoramento e controle representou um avanço significativo para o gerenciamento de projetos, potencializando-as e possibilitando ampliar as oportunidades de sua utilização e aplicação.

A seguir, apresentaremos um conjunto de ferramentas que contribuem para a melhoria da eficiência e eficácia dos processos de planejamento, monitoramento e controle de projetos.

Estrutura analítica do projeto (EAP)

A EAP é uma ferramenta de gerenciamento do escopo do projeto. Fundamenta-se na decomposição das entregas e trabalho do projeto em componentes considerados mais adequados para o planejamento e controle. Assim, são originados níveis, sendo que cada nível descendente representa um maior grau de detalhamento do projeto, conforme figura 40.

Figura 40

EXEMPLO DE EAP ANALÍTICA

6	⊟ **Instalações**
6.1	⊟ **Projeto**
6.1.1	Instalação hidráulica
6.1.2	Instalação elétrica
6.1.3	Telefonia
6.2	⊟ **Construção**
6.2.1	⊟ **Instalação hidráulica**
6.2.1.1	Rede de esgotos
6.2.1.2	Rede de água fria
6.2.1.3	Louças e metais
6.2.2	⊟ **Instalação elétrica e telefonia**
6.2.2.1	Rede elétrica
6.2.2.2	Rede de telefonia

A figura 41 mostra outra forma de representar a EAP.

Figura 41

Exemplo de EAP hierárquica

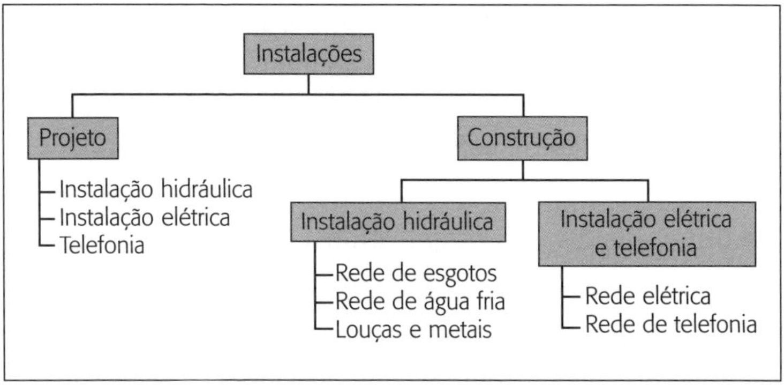

A EAP assegura que todos os itens e assuntos do projeto estão sendo considerados, auxilia na determinação da responsabilidade dos partícipes, fundamenta a estruturação do sistema de informações, além de ser elemento-chave para a organização do projeto.

Para Bräscher Neto (2004:36):

> A criação de uma EAP ajuda a:
>
> - fornecer uma lista detalhada do escopo do projeto;
> - minimizar a possibilidade de esquecimento de atividades;
> - monitorar o progresso;
> - criar estimativas precisas de custos e cronograma;
> - montar equipes de projeto.

Segundo o PMI (2006), a EAP colabora para:

- a decomposição do projeto em elementos simples, fornecendo um dos principais métodos de gerenciamento de projetos complexos;

- a decomposição das entregas em suas partes componentes de forma a garantir o cumprimento do escopo do projeto atendendo aos seus objetivos globais;
- o planejamento e a designação de responsabilidades;
- a definição dos recursos necessários (características, habilidades);
- a determinação do estado atual da alocação de recursos, estimativas de custos, gastos e desempenho.

Também uniformiza as informações para cada nível do projeto; sistematiza o processo de definição e quantificação dos serviços; colabora com os processos de programação das tarefas e orçamentação, ao identificar, situar e especificar cada componente do projeto; aumenta a precisão das estimativas de prazos; reduz a incerteza, permitindo que as partes interessadas do projeto possam conhecê-lo com maiores detalhes.

Entre as dificuldades para a sua utilização destacamos:

- a quantidade de níveis da EAP deve ser objeto de uma análise custo-benefício, pois enquanto uma decomposição muito sintética dificulta o acompanhamento do projeto, uma decomposição excessiva pode acarretar aumento do custo e dificuldades nas ações de controle, desviando a atenção dos objetivos para os detalhes;
- a elaboração de uma EAP consistente demanda um conhecimento adequado das características do projeto, bem como, em alguns casos, de experiência anterior em projetos similares.

Diagrama de barras (gráfico de Gantt)

O diagrama de barras (gráfico de Gantt) foi desenvolvido pelo americano Henry L. Gantt e consiste em marcações de segmentos de reta em barras de um gráfico, conforme apresentado na figura 42.

Figura 42

EXEMPLO DE GRÁFICO DE GANTT

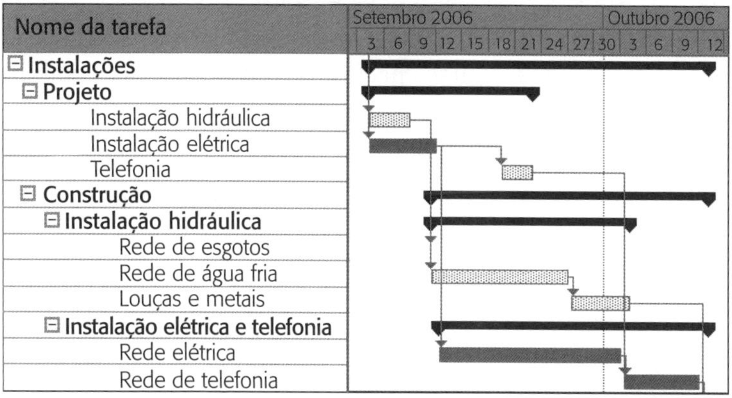

Embora seja utilizado principalmente para representar a programação e controle das atividades, também é muito utilizado para representar a programação e controle de mão de obra, materiais e equipamentos, sendo muito útil quando se utiliza a técnica de alocação e nivelamento de recursos.

Segundo Qualharini (1996:32), "este método apresenta bons resultados quando utilizado com um número não muito grande de atividades que não tenham grandes durações".

Entre as vantagens proporcionadas, destacamos: possibilita uma visão global do planejamento e execução das atividades ao longo do tempo, sua elaboração é efetuada com facilidade e rapidez, não demanda pessoal altamente especializado para sua execução e auxilia os processos de alocação e nivelamento de recursos.

Sua principal desvantagem reside na dificuldade de se poder visualizar as interfaces das atividades e, por conseguinte, a interdependência entre elas. Contudo, a maioria dos softwares de gerenciamento apresenta uma variante do gráfico, onde a interdependência é representada por meio da interligação das barras.

Também pode ser considerado muito rígido ao necessitar da definição prévia da duração das atividades, além de não levar em conta as folgas das atividades, tratando-as como se fossem atividades críticas.

Diagramas de rede

Os diagramas de rede, também chamados de redes de planejamento, se fundamentam na representação do projeto por meio de atividades interligadas.

Destacam-se o diagrama de setas e o diagrama de precedência.

O diagrama de setas pode ser elaborado utilizando-se dois métodos distintos: o *program evaluation and review technique* (Pert) e o *critical path method* (CPM). Com o passar do tempo esses métodos se fundiram, passando a se chamar Pert/CPM. O diagrama de precedência é também conhecido como rede Neopert, diagrama de blocos ou método francês.

Entre as vantagens proporcionadas pelos diagramas de rede destacamos:

- mostra com clareza as relações de dependência entre as atividades, as fases do projeto e o projeto como um todo, bem como a coerência técnica do projeto;
- identifica as relações de precedência e sequências de atividades críticas (caminho crítico), além de permitir uma fácil visualização do caminho crítico;
- disponibiliza as datas "primeira data de início", "primeira data de término", "última data de início" e "última data de término", bem como as folgas livre e total;
- possibilita a compreensão da lógica interna do projeto;
- possibilita a determinação da duração do projeto;

- serve de guia para a verificação das atividades e para a execução e controle do projeto;
- facilita a organização e a atribuição de trabalho e induz a um planejamento lógico.

Contudo, apresenta as desvantagens de gerar relatórios muito extensos e de não representar graficamente, de forma clara e facilmente visualizável, a duração das atividades.

A figura 43 apresenta o trecho de um diagrama de rede utilizado para representar um projeto de instalações prediais.

Figura 43

Exemplo de diagrama de rede

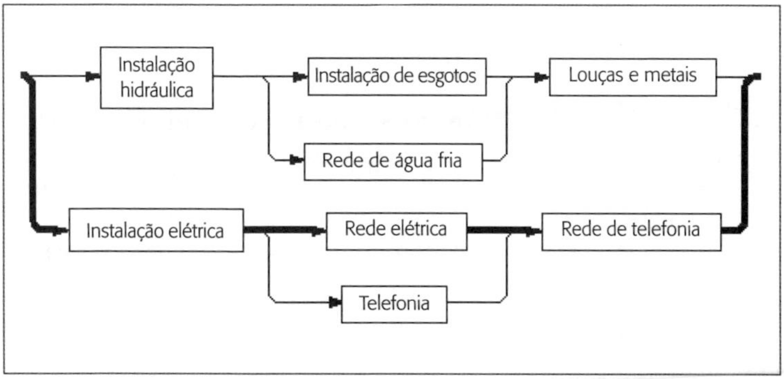

Técnica do valor agregado

A técnica do valor agregado (TVA), também conhecida como análise do valor agregado (*earned value analysis*), é uma ferramenta de gerenciamento da integração, do tempo e do custo de projetos que, segundo Vargas (2005:16), "tem como foco a relação entre os custos reais consumidos e o produto físico obtido no projeto por meio de uma quantidade específica de trabalho, ou seja: o que foi obtido pelo projeto em relação a quantidade de capital consumido para atingir esse resultado".

A TVA possibilita uma análise integrada do escopo, prazos e custos do projeto, permitindo verificar atrasos ou adiantamentos do cronograma, identificar extrapolações do orçamento, medir a eficiência do uso do tempo e dos recursos, além de possibilitar inferências sobre estimativas de conclusão e custo do projeto.

A figura 44 apresenta um exemplo de matriz de valor agregado, na qual, para cada tarefa, são calculados os valores do custo orçado do trabalho agendado (COTA), custo orçado do trabalho realizado (COTR) e custo real do trabalho realizado (CRTR). Em função dessas variáveis podem ser obtidos medidas e indicadores de desempenho sobre prazos e custos.

Figura 44

Exemplo de matriz de valor agregado

Nome da tarefa	COTA	COTR	CRTR
⊟ Instalações	**R$ 13.284,00**	**R$ 10.542,00**	**R$ 11.230,00**
⊟ Projeto	**R$ 5.400,00**	**R$ 3.960,00**	**R$ 4.150,00**
Instalação hidráulica	R$ 1.800,00	R$ 1.800,00	R$ 1.800,00
Instalação elétrica	R$ 2.160,00	R$ 1.728,00	R$ 1.800,00
Telefonia	R$ 1.440,00	R$ 432,00	R$ 550,00
⊟ Construção	**R$ 7.884,00**	**R$ 6.582,00**	**R$ 7.080,00**
⊟ Instalação hidráulica	**R$ 5.184,00**	**R$ 4.512,00**	R$ **4.830,00**
Rede de esgotos	R$ 1.920,00	R$ 1.920,00	R$ 2.100,00
Rede de água fria	R$ 2.304,00	R$ 2.304,00	R$ 2.400,00
Louças e metais	R$ 960,00	R$ 288,00	R$ 330,00
⊟ Instalação elétrica e telefonia	**R$ 2.700,00**	**R$ 2.070,00**	**R$ 2.250,00**
Rede elétrica	R$ 1.800,00	R$ 1.800,00	R$ 1.900,00
Rede de telefonia	R$ 900,00	R$ 270,00	350,00

Na figura 45 são apresentadas as curvas referentes a cada uma das variáveis, utilizando os dados da figura 44.

Para o cálculo do custo real devemos ter o cuidado de ter um sistema projetado para quantificar o que realmente foi gasto, incorporando todos os custos diretos e indiretos, bem como ter especial atenção com adiamentos e adiantamentos de desembolsos, pois podem mascarar a situação real e conduzir a impressão de eficiência ou de atrasos.

Figura 45

EXEMPLO DO GRÁFICO DO VALOR AGREGADO

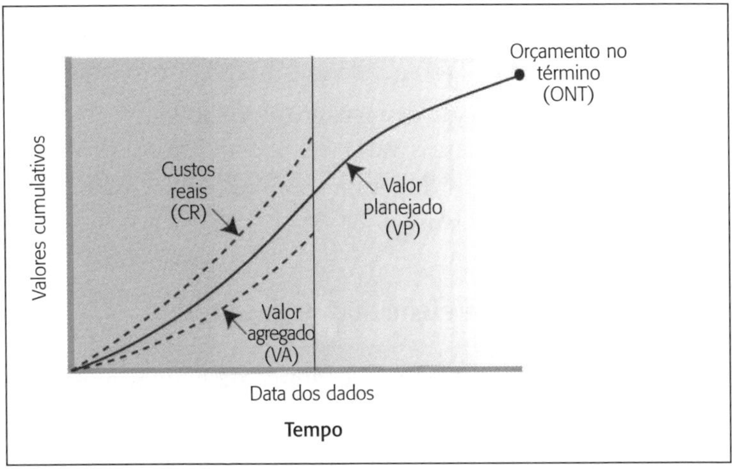

Fonte: PMI, 2008.

O uso adequado da TVA demanda projetos com objetivos claros e tangíveis e escopo claramente definido, que possuam um sistema de informações que possibilite que a apropriação (coleta) dos dados seja efetuada com rapidez e precisão e que as informações sejam geradas em tempo hábil.

Pereira (2004:67), ao analisar pesquisa efetuada pelo ICPMA (2002), apresenta os principais benefícios da TVA, classificados em função do número de respostas:

- proporciona uma clara percepção do *status* real do projeto;
- beneficia o controle;
- possibilita a estimativa de previsões;

- facilita o processo de tomada de decisões gerenciais/capacidade de gerenciar projetos;
- fornece uma fonte independente de informação/método;
- melhora a eficiência do projeto;
- melhora o ambiente;
- proporciona um aviso-prévio em relação aos problemas;
- possui uma clara aplicabilidade/alinhamento com a companhia;
- possibilita a otimização do trabalho (por exemplo, horas reduzidas, conflitos etc.);
- possui alta capacidade de receber informações.

Também possibilita o controle integrado de escopo, prazo e custos e a simulação de tendências.

Diagrama de causa e efeito

Também conhecido como diagrama de Ishikawa ou espinha de peixe, é uma representação gráfica utilizada para identificar os fatores que contribuem para um resultado ou as causas de um determinado problema. As relações de causa e efeito são descritas por meio de um diagrama parecido com uma espinha de peixe, sendo utilizado para analisar as causas que produzem efeitos tanto benéficos quanto maléficos.

A utilização da ferramenta demanda alguns cuidados básicos:

- estabelecer de forma mais clara possível o problema objeto de estudo;
- utilizar mecanismos adequados para identificar as possíveis causas, como, por exemplo, *brainstorming*;
- posicionar sempre o problema à direita;
- estruturar as categorias de causas em função do caso que está sendo estudado;

- identificar as causas que surgem com maior frequência e identificar o seu potencial de influenciar o objeto de estudo.

Entre as vantagens proporcionadas, destacamos:

- é uma excelente ferramenta para identificar e documentar um conjunto de causas associadas a um efeito e agrupar os itens correlacionados;
- aumenta o conhecimento do processo e auxilia o seu aperfeiçoamento;
- conduz a um raciocínio lógico que organiza a estratificação e o detalhamento das causas;
- minimiza a possibilidade de esquecimento de itens importantes;
- permite uma fácil visualização e interpretação das possíveis causas de um problema, que podem ser revisadas e atualizadas;
- aumenta a sinergia ao envolver toda a equipe do projeto;
- aumenta o comprometimento de todos com os resultados;
- facilita a geração de novas ideias.

Apresenta as seguintes desvantagens:

- necessita que todos estejam de acordo e compreendam o significado da causa identificada;
- a interpretação inadequada da semântica pode gerar equívocos e mal-entendidos;
- não sinaliza a gravidade do problema.

A figura 46 apresenta um exemplo de diagrama de causa e efeito no qual são identificados os fatores que contribuem para a ocorrência de instalações de má qualidade.

Figura 46

EXEMPLO DE DIAGRAMA DE CAUSA E EFEITO

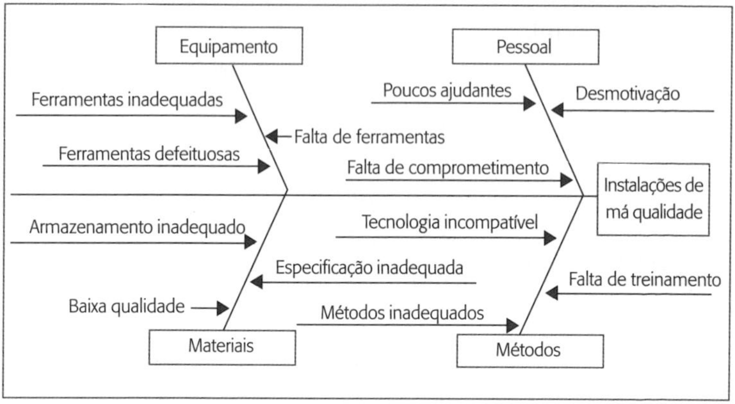

Diagrama de Pareto

Representação gráfica utilizada para evidenciar os fatores que contribuem para ressaltar a importância relativa entre vários problemas ou de determinadas situações. Baseia-se no princípio de Pareto, onde 20% dos fatores respondem por 80% dos resultados.

É representado sob a forma de um gráfico de colunas, onde cada coluna representa a frequência de um determinado problema ou situação. As colunas são organizadas por ordem decrescente de importância da esquerda para a direita.

Giustina (2001:56) apresenta as seguintes contribuições do diagrama de Pareto:

- o diagrama sugere atenção a elementos críticos do processo. Passa, assim, a noção de prioridade a determinados aspectos. O diagrama ajuda a identificá-los;
- o diagrama permite classificar (em ordem decrescente) os elementos do processo segundo a importância da contribuição de cada um para o processo inteiro. Permite, também, organizar esses elementos em categorias, classes ou grupos;

- o diagrama, como outras ferramentas, investe na visualização global do processo, passando a ideia de que essa visão abrangente é fundamental para decisões nesse nível, sempre de porte amplo;
- a ferramenta mostrará onde se devem priorizar as ações de melhorias. O diagrama causa e efeito usará como base de ação esses dados.

Também apresenta as seguintes vantagens: é uma forma de adotarmos pontos de partida para a solução de um determinado problema; auxilia na identificação das causas mais importantes de um problema; explicita regiões onde o estudo dos dados deve ser aprofundado; estrutura o processo de determinação das causas de um problema e torna clara a relação ação/benefício.

Contudo, deve-se dar especial atenção ao fato de que nem sempre os problemas mais frequentes são os que apresentam maiores custos.

A figura 47 apresenta um diagrama de Pareto no qual são explicitadas as frequências de ocorrência de problemas relacionados a instalações prediais.

Figura 47

Exemplo de diagrama de Pareto

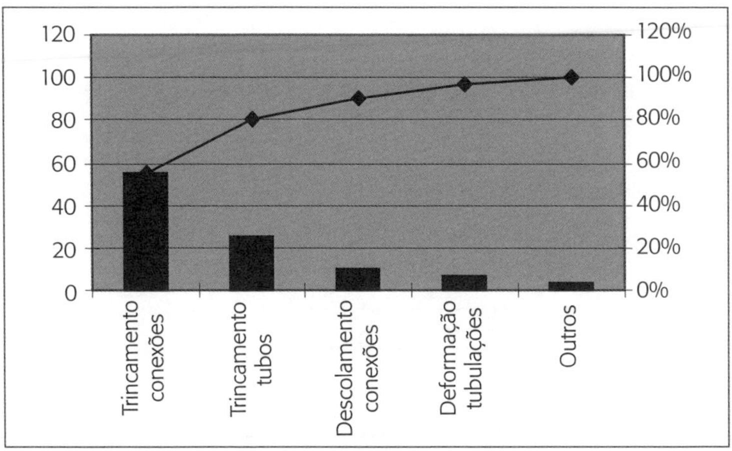

Diagramas de árvore

Os diagramas de árvore apresentam os caminhos a serem percorridos para que os fatores que influenciam uma determinada situação possam ser compreendidos, por meio de uma estrutura ramificada semelhante a uma árvore.

Assim, são formados por ramos interconectados, onde cada um desses ramos representa uma ação a ser tomada ou o detalhamento de algo mais complexo. Para cada um desses ramos pode ser atribuído um valor esperado, que expressa a probabilidade de sua ocorrência.

Para a sua construção, inicialmente deve ser definida a situação a ser desdobrada (objetivo, problema etc.). Em seguida, são identificados os fatores determinantes por meio do desdobramento da ideia central em um primeiro nível. Cada um desses fatores deve ser desdobrado em novos fatores e, assim, sucessivamente, configurando novos níveis, conforme pode ser observado na figura 48.

Figura 48

EXEMPLO DE DIAGRAMA DE ÁRVORE

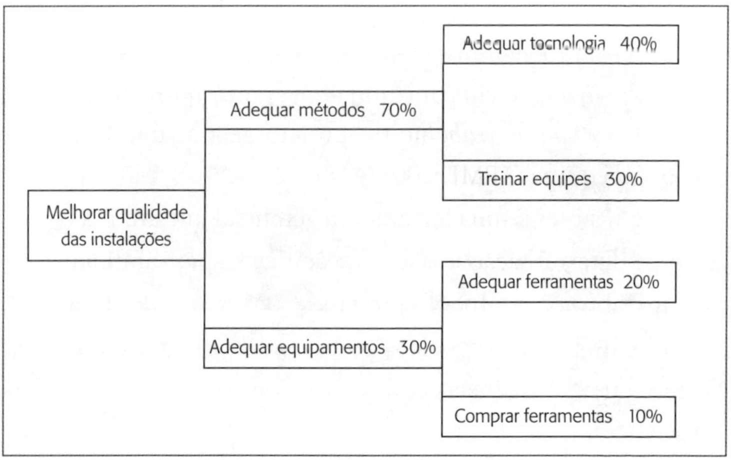

Entre as vantagens proporcionadas destacamos:

- possibilita a definição de estratégias para a solução de um problema, bem como o seu desdobramento em conjuntos de ações;
- representa graficamente relações do tipo causa e efeito e objetivo-estratégias;
- simplifica a implementação de tarefas complexas;
- dificulta o esquecimento de tarefas básicas;
- identifica os meios necessários para a resolução de problemas ou alcance de objetivos;
- sistematiza os cenários mais relevantes para o processo decisório.

Contudo, a elaboração de árvores com elevado grau de detalhamento implica, normalmente, uso excessivo de tempo e pessoal.

Matriz de responsabilidades

A matriz de responsabilidades é "uma estrutura que relaciona a *estrutura analítica organizacional do projeto* com a *estrutura analítica do projeto* para ajudar a garantir que cada componente do *escopo de trabalho* do projeto seja atribuído a uma pessoa ou equipe" (PMI, 2008:435).

É, em síntese, uma ferramenta gerencial que auxilia o processo de determinação e visualização das responsabilidades de cada membro da equipe do projeto.

Nas linhas são dispostos os itens da EAP, nas colunas as equipes ou órgãos, e nas células o tipo de participação, conforme quadro 11.

Quadro 11

EXEMPLO DE MATRIZ DE RESPONSABILIDADES

Nome	Área	Desenvolvimento	Engenharia	Protótipo	Planos							
					Escopo	Tempo	Custo	Qualidade	RH	Comunicação	Riscos	Suprimentos
Alex Kapranos	Custos	A	A	R			R					
Bob Hardy	Qualidade	A	R	A				R	S	A		
Nick McCarthy	Escopo	S	A	A	R	A		S				
Paul Thomson	Aquisições	A		S		S						R
Billie Joe Armstrong	Riscos			A		A	S				R	S
Mike Dirnt	Projeto	R	A	A	A	A	A	A	A	S	A	A
Tré Cool	RH	A			S				R			
Jack White	Tempo		A	A		R	A				S	A
Meg White	Comunicações	A	S							R		

R = responsável A = apoio S = suplente

Apresenta as seguintes vantagens:

- possibilita que sejam evidenciados de forma clara e concisa a responsabilidade, a autoridade e os canais de comunicação;
- ressalta indivíduos e/ou organizações sobrecarregados;
- aponta deficiências de falta de pessoal habilitado ou disponível;
- facilita o julgamento sobre a necessidade de remanejamento do pessoal;
- facilita a visualização do relacionamento de cada atividade ou fase do projeto com as equipes ou órgãos responsáveis por algum tipo de ação no projeto;
- auxilia na negociação com outras organizações.

Planilhas, formulários e gráficos

As planilhas, formulários e gráficos possibilitam que os dados sejam agrupados em função de suas especificidades, facilitando a visualização e entrada de dados. São exemplos as planilhas de custos, as planilhas de quantitativos de produção, as planilhas de acompanhamento físico e financeiro, os formulários de apropriação de dados, os histogramas de recursos etc.

A figura 49 apresenta o trecho de uma planilha de recursos.

Figura 49

EXEMPLO DE PLANILHA DE RECURSOS

Nome do recurso	Custo	Custo L. base	Variação	Custo real	Restante
Arquiteto	R$ 1.200,00	R$ 1.200,00	R$ 0,00	R$ 1.110,00	R$ 90,00
Desenhista	R$ 600,00	R$ 600,00	R$ 0,00	R$ 555,00	R$ 45,00
Encanador	R$ 1.080,00	R$ 1.080,00	R$ 0,00	R$ 710,00	R$ 370,00
Servente	R$ 648,00	R$ 648,00	R$ 0,00	R$ 426,00	R$ 222,00
Empreiteiro inst. elet.	R$ 2.000,00	R$ 2.000,00	R$ 0,00	R$ 2.000,00	R$ 0,00
Empreiteiro inst. hidr.	R$ 4.000,00	R$ 4.000,00	R$ 0,00	R$ 0,00	R$ 4.000,00

Uma forma utilizada para representar a disponibilidade de recursos é apresentada na figura 50.

Figura 50

EXEMPLO DE GRÁFICO DE RECURSOS

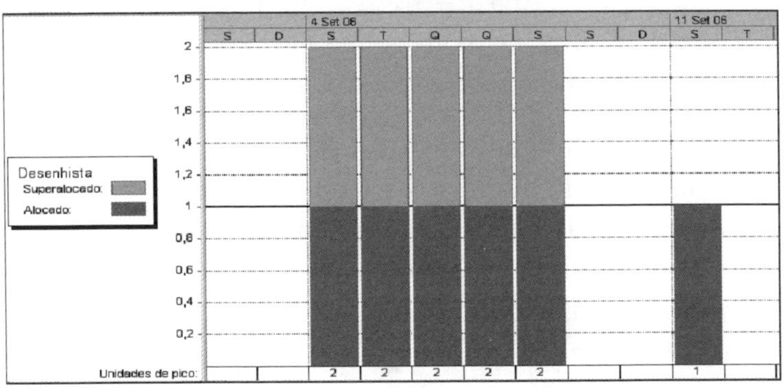

A figura 51 apresenta os custos associados a cada tarefa da EAP.

Figura 51

EXEMPLO DE PLANILHA DE RECURSOS

Nome da tarefa	Custo fixo	Custo variável	Custo total	Linha de base	Custo real	Restante
⊟Instalações	**R$ 2.858,40**	**R$ 9.528,00**	**R$ 9.528,00**	**R$ 9.528,00**	**R$ 4.801,00**	**R$ 4.727,00**
⊟Projeto	**R$ 540,00**	**R$ 1.800,00**	**R$ 1.800,00**	**R$ 1.800,00**	**R$ 1.655,00**	**R$ 135,00**
Instalação hidráulica	R$ 180,00	R$ 600,00	R$ 600,00	R$ 600,00	R$ 600,00	R$ 0,00
Instalação elétrica	R$ 216,00	R$ 720,00	R$ 720,00	R$ 720,00	R$ 720,00	R$ 0,00
Telefonia	R$ 144,00	R$ 480,00	R$ 480,00	R$ 480,00	R$ 345,00	R$ 135,00
⊟Execução	**R$ 2.318,40**	**R$ 7.728,00**	**R$ 7.728,00**	**R$ 7.728,00**	**R$ 3.136,00**	**R$ 4.592,00**
⊟Instalação hidráulica	**R$ 518,00**	**R$ 1.728,00**	**R$ 1.728,00**	**R$ 1.728,00**	**R$ 1.136,00**	**R$ 592,00**
Rede de esgotos	R$ 192,00	R$ 640,00	R$ 640,00	R$ 640,00	R$ 568,00	R$ 72,00
Rede de água fria	R$ 230,40	R$ 768,00	R$ 768,00	R$ 768,00	R$ 568,00	R$ 200,00
Louças e metais	R$ 96,00	R$ 320,00	R$ 320,00	R$ 320,00	R$ 0,00	R$ 320,00
⊟Instalação elétrica e telefonia	**R$ 1.800,00**	**R$ 6.000,00**	**R$ 6.000,00**	**R$ 6.000,00**	**R$ 2.000,00**	**R$ 4.000,00**
Rede elétrica	R$ 600,00	R$ 2.000,00	R$ 2.000,00	R$ 2.000,00	R$ 2.000,00	R$ 0,00
Rede de telefonia	R$ 1.200,00	R$ 4.000,00	R$ 4.000,00	R$ 4.000,00	R$ 0,00	R$ 4.000,00

Ferramentas informatizadas de gerenciamento

Informatizar o processo de gerenciamento de projetos consiste em utilizar recursos computacionais para o desenvolvimento das ações de gerenciamento, principalmente no que se refere à informatização das ferramentas de planejamento, monitoramento e controle.

Existem diversos motivos que justificam a utilização de softwares de gerenciamento de projetos, entre os quais destacamos:

- aumentam a produtividade das equipes de gerenciamento;
- o conjunto de informações requisitadas pelos programas otimiza o processo de gerenciamento;
- efetuam de forma rápida e precisa os cálculos demandados pelo gerenciamento, tais como os relativos ao agendamento, aos custos de tarefas e recursos, ao fluxo de caixa etc.;

- possibilitam relatórios profissionais, em tempo hábil para a correção de desvios;
- aumentam a eficiência e eficácia das simulações de planejamento;
- melhoram a percepção de oportunidade ou necessidade de decidir;
- minimizam a possibilidade de erros de planejamento e de avaliação das alternativas quanto aos resultados.

Entre as ferramentas informatizadas mais simples de gerenciamento de projetos temos planilhas eletrônicas e gerenciadores de banco de dados.

As planilhas eletrônicas podem ser utilizadas para o planejamento e controle de recursos, para a elaboração de orçamentos, o gerenciamento da apropriação de dados, a elaboração de gráficos de planejamento e controle etc.

Os gerenciadores de banco de dados podem ser utilizados para gerenciar os diferentes tipos de insumos utilizados no projeto, as produtividades do pessoal alocado ao projeto, os agendamentos etc.

Por serem normalmente interativos, esses programas possibilitam que suas informações possam ser associadas e transferidas de um para outro, automatizando parte do processo de gerenciamento.

Os programas desenvolvidos especificamente para o gerenciamento de projetos possibilitam o planejamento, programação e controle, permitindo planejar atividades, gerenciar calendários, calcular datas, alocar e nivelar recursos, gerenciar custos, executar simulações e acompanhar o progresso do projeto, entre outros. Também existem programas auxiliares, tais como os dedicados à orçamentação e análise de riscos.

Neste capítulo vimos as principais ferramentas utilizadas para aumentar a eficiência e eficácia do planejamento, monitoramento e controle. Certamente, você, como gerente, poderá lançar mão de muitas delas para auxiliá-lo a direcionar o foco e simplificar, sistematizar e otimizar as ações a serem desenvolvidas.

Conclusão

Ao fim do estudo do conteúdo deste livro, esperamos que o leitor tenha tido uma visão ampla sobre gerenciamento de projetos, por meio dos conhecimentos, habilidades e conceitos que representam os fundamentos do gerenciamento de projetos.

Nos oito capítulos, procuramos, por meio de uma linguagem prática e simples, a exemplificação dos principais conceitos contidos no conjunto de conhecimentos sobre gerenciamento de projetos.

Somente a teoria não o tornará, leitor, um bom gerente de projeto. A prática e a experiência, aliadas a outras características técnicas e pessoais, certamente se tornarão elementos imprescindíveis para o exercício dessa profissão.

Os desafios para o gerenciamento de projetos nunca foram tão intensos. Mas eles se materializam em novas oportunidades, e esperamos que este livro tenha proporcionado o conhecimento necessário para o estudo nessa importante área de conhecimento e, a partir daí, um novo cenário de aplicações passa a estar disponível para os profissionais do futuro.

Esperamos que você obtenha os melhores resultados possíveis para você e sua organização.

Parabéns e boa sorte!

Referências

ACKOFF, Russel. *A concept of corporate planning*. New York: Wiley Interscience, 1970.

BERKUM, Scott. *The art of project management*. Sebastopol: O'Reilly, 2005.

BRÄSCHER NETO, João. *Estrutura de desmembramento de trabalho como técnica de gerenciamento na elaboração de avaliação de custos de empreendimentos em redes de distribuição de gás natural*. 2004. Dissertação (Mestrado) — Programa de Engenharia de Produção, Universidade Federal de Santa Catarina, Florianópolis.

CARNEIRO, Margareth. PMO — Project Management Office. Por que implantar? *Revista Mundo PM*. Disponível em: <www.mundopm.com.br/sumarioartigosonline.shtml>. Acesso em: 30 jul. 2006.

CHARVAT, Jason. *Project management methodologies*: selecting, implementing, and supporting methodologies and processes for projects. Hoboken: John Wiley & Sons, 2003.

CLELAND, David; IRELAND, Lewis. *Gerência de projetos*. Rio de Janeiro: Reichmann & Affonso, 2002.

CURY, Antônio. *Organização e métodos*: perspectiva comportamental e abordagem contingencial. 4. ed. São Paulo: Atlas, 1988.

DRUCKER, Peter F. *The practice of management*. New York: HarperCollins, 1954.

______. *Inovação e espírito empreendedor*. São Paulo: Thomson Learning, 2003.

GADDIS, Paul. The project manager. *Harvard Business Review*, May/June 1959.

GANTT, Henry L. *Organizing for work*. New York: Harcourt, Brace, and Howe, 1919.

GIBBON, Edward. *The history of the decline and fall of the Roman Empire*. New York: Penguim Classics, 1996.

GIUSTINA, Arlindo Della. *Gestão participativa para redução dos defeitos operacionais na indústria cerâmica*. 2001. Dissertação (Mestrado) — Programa de Pós-Graduação em Engenharia de Produção, Universidade Federal de Santa Catarina, Criciúma.

HAW, Stephen. *Marco Polo in China*. Oxford: Routledge, 2006.

ICPMA (International Council for Project Management Advancement Response to Standards Australia). *Draft Standard for Project Performance Measurement Using Earned Value V5.6*. May 2002. Disponível em: <www.pmgp.usyd.edu.au/icpma/docs/ICPMA_EVResponse-V5.6.pdf>. Acesso em: 29 maio 2004.

KERZNER, Harold. *Strategic planning for project management using a project management maturity model*. Hoboken: John Wiley & Sons, 2001.

______. *Gestão de projetos — as melhores práticas*. Porto Alegre: Bookman, 2005.

KEZSBOM, Deborah; EDWARD, Katherine. *The new dynamic project management:* winning through the competitive advantage. 2. ed. Hoboken: John Wiley & Sons, 2001.

LIMMER, Carl Vicente. *Planejamento, orçamentação e controle de projetos e obras*. Rio de Janeiro: Livros Técnicos e Científicos, 1997.

NEWELL, Newell. *Preparing for the project management professional (PMP) certification exam*. New York: American Management Association, 2002.

PEREIRA, Ricardo Alexandre. *Gerenciamento da análise de valor agregado em empreendimentos de construção civil*: subsetor edificações. 2004. Dissertação (Mestrado) — Programa de Pós-Graduação em Engenharia Civil, Universidade Federal Fluminense, Niterói.

PETROSKI, Henry. *To engineer is human*: the role of failure in successful design. London: Vintage, 1992.

PHILIPS, Joseph. *PMP project management professional study guide*. New York: McGraw-Hill, 2004.

PINTO, Américo. *Benchmarking em gerenciamento de projetos*: Relatório 2004. Rio de Janeiro: Senai, 2005.

PMI (Project Management Institute). *Practice standard for work breakdown structure*. Second Edition Newtown Square, 2006.

______. *Um guia do conjunto de conhecimentos em gerenciamento de projetos (Guia PMBOK)*. Newtown Square, 2008.

PMI/RJ (Project Management Institute, seção Rio de Janeiro). *Estudo de benchmarking em gerenciamento de projetos Brasil 2009*. Rio de Janeiro, 2009.

PORTER, Michael. *Estratégia competitiva*: técnicas para análise de indústrias. Rio de Janeiro: Campus, 2005.

PROJECT DOCUMENT. *History of project management*. Disponível em: <www.microsoft.com/downloads/details.aspx?FamilyID=C1F9B881-D879-4B54-B07B-55041685F15F&displaylang=en>. Acesso em: 3 ago. 2006.

QUALHARINI, E. L. *Gestão estratégica na avaliação de planejamento de construção civil*. 1996. Tese (Doutorado) — Coordenação dos Programas de Pós-Graduação de Engenharia, Universidade Federal do Rio de Janeiro, Rio de Janeiro.

RUSTON, Larry; SAKKAB, Nabil. Correct and develop — inside Procter & Gamble's new model for innovation. *Harvard Business Review*, Mar. 2005.

SBRAGIA, Roberto. Algumas características da estrutura matricial. In: MAXIMIANO, Antonio C. A. et al. (Orgs.). *Administração do processo de inovação tecnológica*. São Paulo: Atlas, 1980.

SCHOCH, Robert; MCNALLY, Robert. *Pyramid quest*: secrets of the great pyramid and the dawn of civilization. New York: Tarcher, 2005.

TAYLOR, Frederick W. *The principles of scientific management*. New York: W. W. Norton & Company, 1911.

TOFFLER, Alvin. *Power shift, Knowledge, wealth and violence at the edge of the 21st century*. New York: Bantam Books, 1990.

VARGAS, Ricardo V. *Manual prático do plano do projeto*. Rio de Janeiro: Brasport, 2005.

VERNER, Miroslav. *The pyramids*: the mystery, culture, and science of Egypt's great monuments. New York: Grove Press, 2001.

WYSOCKI, Robert. *Project management process improvement*. Norwood: Artech House, 2003.

Os autores

André Bittencourt do Valle

Doutor em engenharia pela UFF, mestre em engenharia pela PUC-Rio e engenheiro pela UFRJ. Professor e coordenador acadêmico no FGV Management. Foi secretário técnico da ISO e da ABNT, coordenador-geral da Escola Superior de Redes da RNP e editor técnico da revista *Internet World*. Prêmios: Melhores Professores do FGV Management, Visa de Comércio Eletrônico e Ibest. Autor de diversos livros. Membro do Comitê Executivo de Comércio Eletrônico do Governo Federal.

Carlos Alberto Pereira Soares

Doutor em engenharia de produção pela Coppe/UFRJ, mestre em engenharia civil pela UFF e arquiteto e urbanista pela UFF. Professor do Programa de Mestrado e Doutorado em Engenharia Civil da UFF, assessor de planejamento da direção do Centro Tecnológico da UFF, professor convidado do FGV Management, diretor financeiro da Aefe e assessor especial da

Associação dos Diplomados da Escola Superior de Guerra. É *referee* da *Revista Árvore* e de congressos científicos. Atua como consultor e tem diversos artigos publicados em periódicos e anais de congressos.

José Finocchio Jr.

Mestre em engenharia pela UFF, MBA em finanças pela USP, pós-graduado em administração de empresas pela Eaesp/FGV e graduado em processamento de dados pela Universidade Federal de São Carlos. É certificado PMP pelo PMI, e tem certificação Apics. Ganhador do prêmio internacional do PMI Professional Development Product of the Year. Consultor de metodologia de gerenciamento de projeto. Atuou em posições executivas nas empresas HP, Ciba-Geigy, Digital Equipments, Deloitte Consulting e Basf. Professor convidado do FGV Management.

Lincoln de Souza Firmino da Silva

MBA em gerenciamento de projetos pela FGV, especialista em arquitetura relacional de base de dados no Air Force Institute of Technology, formado pela Universidade da Força Aérea. Foi responsável pela implementação de projetos na área de proteção ao voo (Cindacta 1, Cindacta 2 e Cindacta 3). Possui certificação PMP. É oficial da FAB e professor convidado do FGV Management e do Nuseg/Uerj.